ヒューマン
フィールドワークス

DaVinci System

ダ・ヴィンチ・システム

来たるべき自然知能のメチエ

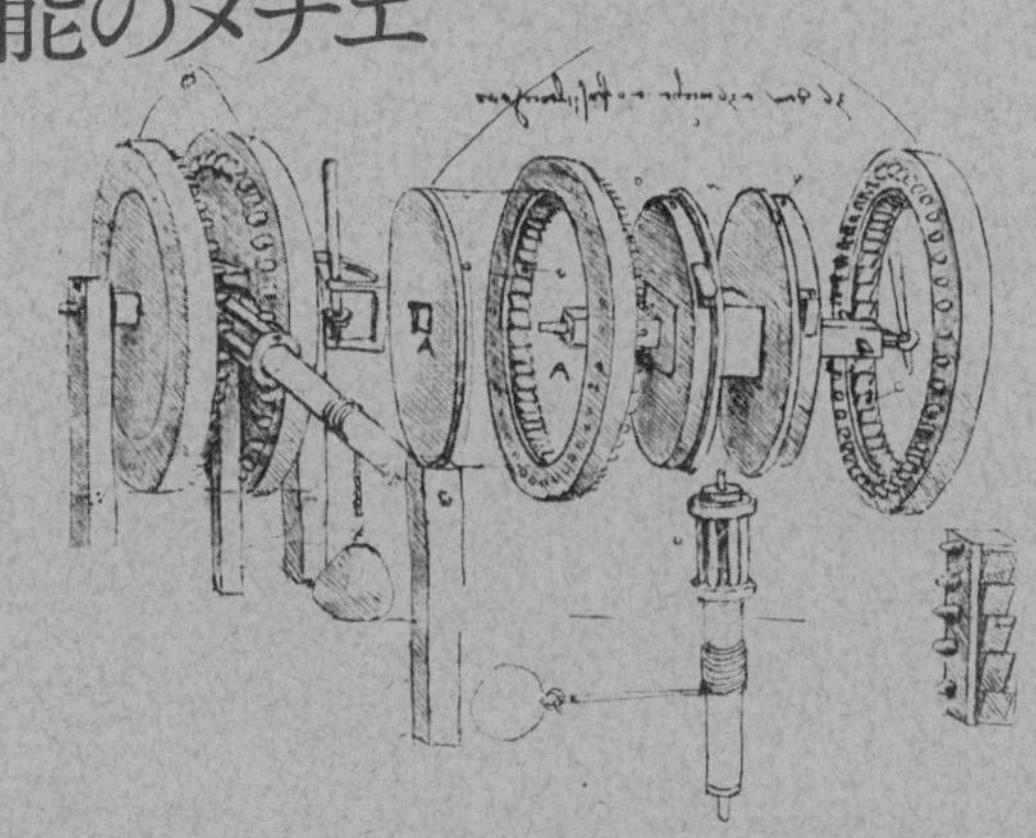

河本英夫
Kawamoto Hideo

学芸みらい社
GAKUGEI MIRAISHA

DaVinci System
ダ・ヴィンチ・システム
来たるべき自然知能のメチエ

Contents
目次

第II章 生成するダ・ヴィンチ——主要手稿（一四七五～一五一九年）から

第Ⅲ章 ダ・ヴィンチ的科学——人類史の不連続点

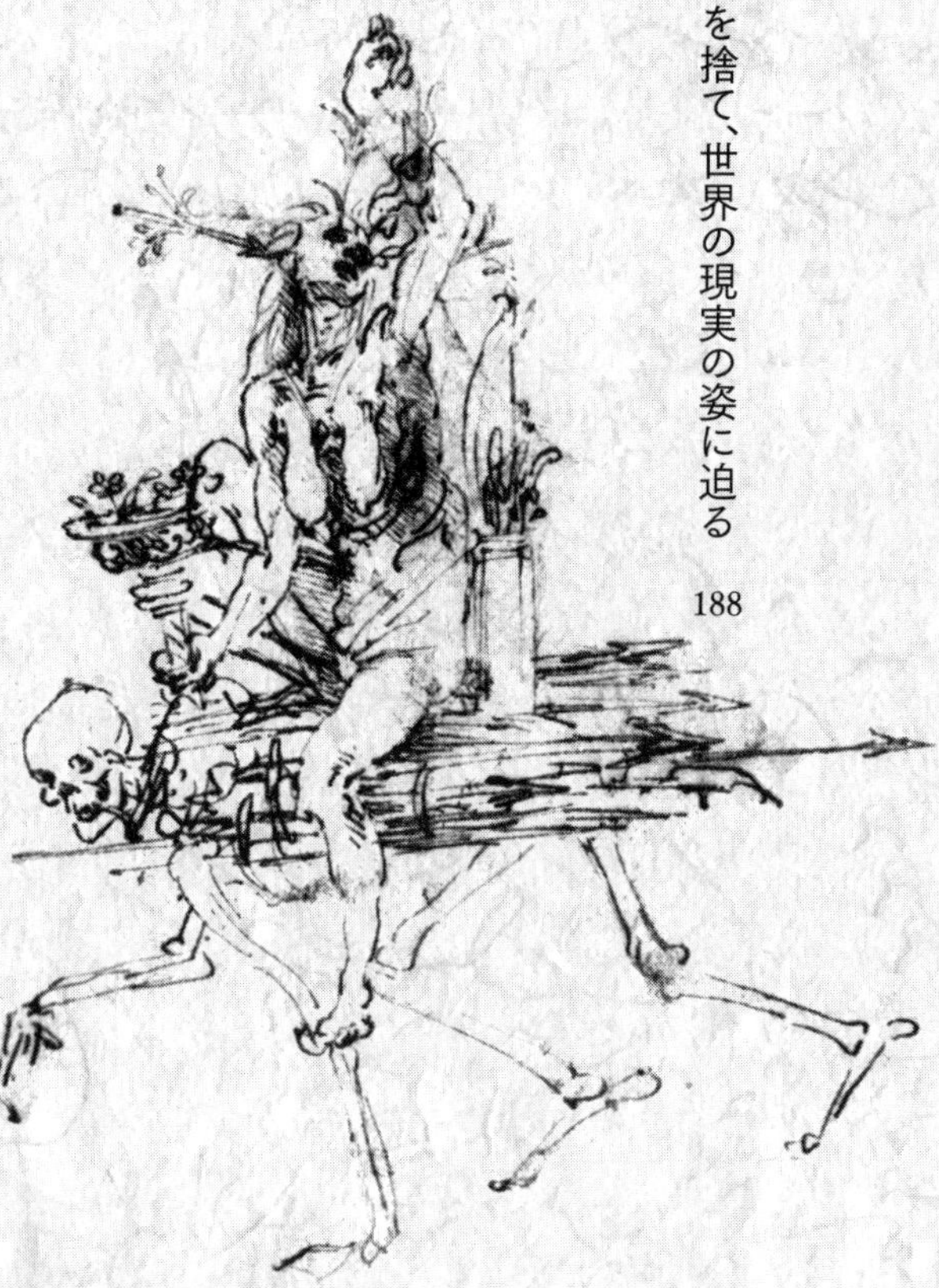

はじめに

レオナルド・ダ・ヴィンチは、人類史上、間違いなく空前絶後の才能であり、彼自身歴史の不連続点である。いくら称賛しても称賛の言葉が届かないほどの位置にいる。誰であれ、一度その絵の卓抜さや凄みに触れてしまうと、二度目には絵の内実よりも、卓抜さや凄みの感触がただちに思い起こされ、感動の方が先にやってきて、その後何度目かの鑑賞を行うことになる。それほど強烈で疑いようのない印象である。ダ・ヴィンチのこの才能は、確実に人類の財産でもある。

だがこの財産の内実に触れようとすると、誰であっても、いくぶんか困惑するような事態に巻き込まれてしまう。こうした歴史の不連続点にかかわろうとすると、いったいどのようにすれば、その内実に届くのかという素朴な思いが浮かぶ。実際、たしかにダ・ヴィンチから取り出せるさまざまなアイディアの出し方を列記することもでき、またその凄さについて利用可能な言葉を総動員して語ることもできる。だがそれでも何かが足りていない印象を受ける。

実際、ダ・ヴィンチについては、ほぼ毎年のように数冊の成書が刊行されている。

だがこの言葉による届かなさの印象は、ダ・ヴィンチ自身の「異次元性」に由来すると、言い訳がましく語ることもできる。そうした異次元性にそれとして触れることも、たしかに貴重な経験なのである。

ダ・ヴィンチの構想が、「空前絶後」だということは、誰にとってもほとんど異論のないことである。しかしそこに立ち入ってみると、空前というのは、歴史的な制約の中で、ともかくもダ・ヴィンチが誰もやらなかった経験に踏み出してしまったことを意味する。

誰であれ、同時代の文化的環境と文化的手段のもとで、作業を開始するしかない。その意味で、文化的活動は、たとえどのように際立ったものであれ、やはり「時代の子」である。ルネッサンスという時代の高揚感の中で、ダ・ヴィンチの構想は進められている。だがダ・ヴィンチの構想には、ルネッサンスに固有の「人文主義」の影響は、ほとんどない。むしろそうした動向に接点がないというのが、基本的な特徴でもある。何かまったく別のことをやってしまったというのが実情に近い。自分の道筋に踏み出し、一貫して進み続けたのである。そうした固有性の特質を本書では取り出したいと考えている。

異次元性をもつ構想や企ては、いつの時代もみずから果敢な企てであることを願い、それを意欲的に実行してきてもいる。ことに芸術家であれば、誰にでも一目でわかるほどの明確な「踏み出し」が必要となる。一人の芸術家が、ある構想を述べれば、別の芸術家はまったく別の位置から別の構想を立てていく。そうした仕方で、我先を競うようにさまざまな構想が展開される。そしてその多くはやがて歴史の傍らに埋もれ、またごく少数のものは、いまだ決着の付かない謎として、輝き続ける。こうした謎の代表が、ダ・ヴィンチである。

問題はむしろ「空前」よりも「絶後」である。絶後というのは、漠然と語れば、後の歴史の中にダ・ヴィンチに匹敵するほどの才能が出現していないことである。だが精確には、ダ・ヴィンチを継承するとはどうすることなのかを、いまだ人類は摑むことができていないことを意味する。もちろん何が継承でき、何が継承困難なのかの細目は、そのつど決まってくる。だがダ・ヴィンチ的構想が何であり、どのように継承できるのかについて、可能な限り詰めてみることはできる。本書は、それを試みてみたいと思う。このとき謎は解かれるのではなく、むしろ継承のための道筋を発見することによって間接的な解答を手にすることが必要となる。

こうしたダ・ヴィンチの謎に迫ろうとする試みは、「人間」そのものの可能性を拡張することにつながると思われる。少なくとも、それが私自身の願いであり、当初からの動機でもある。継承可能な人間の可能性を、さらに現実の展開可能性に引き継ぐことは、哲学そのものの大きな課題の一つでもある。この点では、ダ・ヴィンチはこのうえない対象であり、同時に高い壁でもある。

人間はどの程度自分自身の可能性を展開し、活用してきたのか。この問題に対して、数量的に明示することは難しい。しかし誰であれ、自分の可能性をさらに発揮したいという思いは、人間に固有のものでもある。その可能性に向けて、ダ・ヴィンチの謎から多くの手掛かりを引き出したいと思っている。

人間は、自分自身の作り出してきたものによって、繰り返し制約を受ける。たとえば言語は、約五万年前に形成されたものだと言われている。言語は人間の文化的な成果の公共的な保存を可能にし、高度な思考回路の開発につながってきたことは間違いない。だが誰にとっても自明となっているこの言語こそ、人間そのものの可能性を頭打ちにしているのではないか、という思いもよぎる。

色についての言葉は、黄、緑、青、藍、紫、赤、橙と七色に並べて、間に、黄緑、黄黄緑、黄黄黄緑と造語を並べても、せいぜい五〇〜八〇色程度の言葉を配置できるだけである。というのもかりに言葉を造語したとしても、たとえば「黄黄黄緑」がどのような色なのかが不明なままになるからである。だが言葉以前に、色合いの区別は、三万五〇〇〇種程度できるようである。言語的な分節と感覚的体験の区別はオーダーが異なっており、感覚的体験は固有に形成されるため、言語的な分節は大まかな目安にすぎなくなる。目安をどのように論じても、感覚的体験に到達することはない。

こうした体験的現実は、ダ・ヴィンチが何度か述べている「私は言葉からではなく、自然から学ぶ」という言葉に関連している。こうしたダ・ヴィンチの言葉からみて、ダ・ヴィンチは自然愛好家だったのかと素朴に思う人がいるのかもしれない。ダ・ヴィンチからみれば、人間の言語はただ「人間」に固有の言語である。この人間の枠の向こう側に進みだすことによって人間は自分の可能性を拡張していくことができる。

たとえば物の相互作用では、ある物が他の物に働きかける場合、働きかける活動は同時に、働きかけられる活動でもある。誰であれ、地面や床を踏みしめて歩行する場合、地面や床に働きかけることと同じだけ、地面や床から働きかけられているはずである。そうでなければ歩行は成立しない。こうした事態を人間の言語に固有の主語－述語形式に写し取ったのでは、何か別のことを摑んでしまう。

能動態と受動態を組み合わせて、人間的主体は、地面や床に働きかけると同時にそれらから働きかけられてもいる、と言い換えてみる。ここでは能動と受動が分離され、後にそれらが重ね合わされる。おそらく歩行時には、こんなことは起きていない。言語では、起きてもいないことを無理にいくつかの定型の組み合わせで語るよりない。力学の事実と言語的な表現とは、まったく作りが異なっている。

たとえば「私は、地面を踏みしめている」という言明は、肯定か否定かの二者択一の仕組みになっている。「私は、地面から反発を受けている」という言明も、肯定か否定かの二者択一のかたちである。肯定か否定か、あるいは場合によってはgood or badで選択するのであれば、事態は[0, 1]に区分されてしまう。このとき「私は、地面を踏みしめている」と同時に「私は、地面から反発を受けている」と語っても、[0,1]が二つ重ねられることになる。[0,1]の間には多くの度合いがあり、さまざまな度合いが変動しながら、歩行というプロセスは進行している。こうした事態を言語で捉えることは、かなり難しい。比喩的に言えば、ダ・ヴィンチに見えている世界は、「度合いが変動しながら進行している運動する世界」である。

知識の多くは言葉をつうじて修得される。そしてさらに修得した言葉を捨てることによってしか到達することのできない体験的領域は、おそらく無数に存在する。手垢の付きすぎた既存の言葉を捨て、新たに言葉を紡ぎ直し、再度、言葉に体験の重さと命を回復させるのが、「詩人」である。

ダ・ヴィンチは、言葉とは異なる体験の仕組みを解明し、自分自身の最もすぐれた能力である「デッサン（素描）」を全面的に活用する方向に進んだ。それは単に「絵が途方もなく上手い」という範囲の出来事ではない。むしろダ・ヴィンチは、「デッサンの詩人」であろうとしたのである。それとともにデッサンと言語との新たな関係を作り出そうとしている。これが人間の言語を超えていくための最も有効な踏み出しの一つである。そうした確信と覚悟が、ダ・ヴィンチにはあった。こうした作業が、おそらく現在の主流の科学研究とは異なる、ダ・ヴィンチ的科学を出現させたのである。

第I章

見果てぬ構想

――ダ・ヴィンチ・システム

1 同時代的な問いのウイング

自然知能と職人的技能

人工知能（ＡＩ）というとき、人間の知能を数学や論理に置き換えて、コンピュータ上でプログラム化し、それを自動的に発展させていくやり方をとる。ほとんどが人間の知能の移し入れであり、人間の代わりにコンピュータが動き、マシンが作業を代行してくれる。イチゴの最盛期には、イチゴの農家は大変な思いでイチゴを出荷している。イチゴは、大きな葉っぱの影に隠れていて、長時間、腰をかがめるようにして探し出し摘み取っていく。この作業は現在、大型機械で代行されている。センサーが葉っぱの陰のイチゴを見つけ、指になぞらえた先端機器で触ってみて熟度を判定し、適合すれば摘み取り、トラックの荷台に置いていく。これをすべて自動機械がやってくれる。過酷な労働を代わりにやってくれる点では、ありがたいことである。

だがこうした風景じたいは、すでに見慣れたものである。コンビニのおにぎりはロボットが握っており、車の製造のかなりの部分はロボットが行ってくれる。人間の能力をマシンに置き換えていくことは、機械化の一環としてどんどん高度になる。それは間違いない。工作機械は、日本的な頭脳の集積でもある。細かく精確な作業を黙々とこなしてくれる機械は、それじたい感動的でもある。

人間の能力をコンピュータに移し入れ、労働を機械化していく。この作業は、人間的知能の一つの発現のしかたである。だがそこで実行されようとしていることは、目覚ましさ、予想以上の出来事、画期的というような印象はあるが、同時に何か狭くて小さな道に進んでいる印象を受ける。ことに情報関連の技術革新は、速度と量の度合いをめぐって大幅な展開を見せている。しかしプロセス的イノヴェーションがほとんどで、一挙に大量に短時間で実行するという「仕組みの革新」である。これは「生産性の局面」が変わるタイプのイノヴェーションではないように思える。むしろこれによって視野と経験の制約が起きているようにも見える。

知能は、一般的に考えれば、人間に限ったものではない。植物や動物にもそれぞれ固有の能力があり、さらに言えば自然界にも固有の能力がある。ただし多くの場合、人間と同じタイプの能力ではない。そのことは人間の文明の最初から気づかれていたことであり、たとえば体調の維持のために有効な植物を見いだし、それを栽培して「薬草」として活用したり、特殊な鉱物を含む岩石から、特定の物質を抽出して役立てるような作業を持続的にやってきている。中国や日本では、これらは「本草学」と呼ばれている。人間にただちに役立つものを見いだす作業は、目的はわかりやすく、作業もただちに役立つものに収斂していく。

しかし自然界の知能は、およそ人間にただちに役に立つようには作られてはいない。しかも人間に役立とうと形成されてきたわけでもない。人間にただちに役立つ回路を選んでいくと、「人間」という枝は、少しずつ改良を重ねながらどんどんと狭い道に入り込んでいくだろうという予想が立つ。

進化の閉回路

進化論的に考えると、進化の枝は先端では分岐していく。そしてどんどん細い道筋に入っていく。そのとき学習能力があれば、他の枝の基本的な能力を読み解き、それを活用可能なかたちに置き換えることができれば、自分自身の選択肢を広げていくことができる。進化とは気が付いたときには、おのずと自分自身の選択肢が減っていく仕組みのことである。ひとたび出現したものは、自分自身の維持の方向にだけ推移していくために、新たな可能性を自動的に減らしていく方向に進んでいくからである。人間はつねに人間になり続けるという仕組みの中に、おのずと先端化していく構造を持ち合わせている。言ってみれば、人間はどこまでも先鋭的に狭く人間になり続けるのである。

人間（ホモ＝サピエンス）の歴史も、進化として見たとき、すでに細く限定され、次第にすぼんでいく閉回路の近くに来ている。比喩的に言えば、たとえば情報化が進めば情報化に寄与する方向にだけ現実性の変化のバイアスはかかる。情報化は急速で汎用性があり、言ってみれば経済合理性に合致している。しかも過度に合致している。そのためその方向へのバイアスは、自然で合理的なものとなる。そしてそれ以外の現実性に対して、傍らを通り過ぎていくということが起きる。ここで起きていることは、特定の能力だけを過度に活用することである。これは進化論で言う「過形成」と同じタイプのものである。大鹿のツノが、さらに大きくなっていく場合に似ている。

特定の能力の活用だけに限定されれば、総体として能力一般の発現可能性は誰にとっても制約され、さらに能力の拡張も筋違いの回路に入っていく。進化の分岐点の最先端にいたる能力をそれ単独で活用し続ければ、閉回路はさらに細く進行していく。人工知能の展開もそうした閉回路に進んでいく一つの隘路だと考えることができる。

能力の発現

個々人の能力の発現と、種もしくは種間の進化的な展開見通しにそれほど厳密なつながりが見いだせるわけではない。手掛かりになる原理が存在するとすれば、ヘッケルの「個体発生は系統発生を繰り返す」という個体と系統のつながりを示す原理であるとか、ハーバート・スペンサーの言うような「進化とは総体の差異の増大である」というような基軸を置いて考えてみるぐらいのことしかできない。いずれも人間の進化の可能性を考えるには、かろうじて目安になるかという程度のものである。

ヘッケルの場合、発生を考えるための指標となる原理ではあるが、個体発生の延長上にさらに、新たなタイプの個体の出現や個体の展開可能性を考えていくための手掛かりとはなりにくい。というのも個体発生は系統発生の反復だからである。スペンサーの多様化という基準は、病的な変異も奇形の出現もすべてそれとしてみれば「多様化」には該当するのだから、基準そのものが大外から当たりすぎている。あまりにも外から適用される基準は、あらゆることに当てはまりすぎる。進化の基準を導くことは容易ではないが、衰退の道筋を想定することは、それよりも少し簡単な見通しをもつことができる。

特定能力の活用だけであれば、能力全般の活性化の可能性を抑えてしまうことは、ありそうな動向の一つである。このことは各種の動物の個体が、できるだけ早く成長した機能をもつことへとつながるように、成長過程を加速する場面に見られる。哺乳動物は生まれ落ちてただちに歩くことができるようになり、母乳を求めて自分で移動できるようになることを求められる。可能な限り早く成人になるということは、できるだけ早く特定の適応形態を獲得するということである。これを「特殊適応」と呼んでおく。

これに対して人間（ホモ＝サピエンス）に見られる傾向は、自然界の掟を破るようなところがある。つまり特殊適応を可能な限り先送りして、自分自身を可能性の宝庫に留め続けることである。特定の技能に特化することは、こうした自分自身を可能性の宝庫に留めることをおのずと自分で放棄していることに近い。すると前進という仕組みの中に、一歩進めば新たな選択肢がさらに獲得されるという事態がなければ、前進とは狭隘化の別名ともなる。

自然哲学

そこで人工知能全盛の時代にこそ、「自然知能」の活用の仕方を再度回復しておくことが望まれる。そうした場面でなお、さらに人間の能力を異なる方向で選択肢を広げていくやり方があると考えられる。それが「自然知能」研究である。実際には、一八世紀末から一九世紀初頭にかけてすでにドイツとイギリスでは「自然哲学」というかたちで行われてきた企てが、こうした構想の前史となる。

シェリングは、初期の構想を「自然哲学」と呼び、意識をもった人間がすでに思い起こすことのできなくなった過去を「先験的過去」と配置していた。意識の対象として自然を知る場面以前に、すでにして捉えられている自然がある。それを、思い起こすことのできない過去だと呼んだのである。意識の出現以前に成立し、意識が出現することで思い起こせなくなっている過去こそ自然だというのである。この思い起こせない過去を思い起こすようにして経験の可能性の範囲を広げていく仕方が、「自然哲学」である。

シェリングは、精神の躍動を渦巻や竜巻をモデルとして考えようとしている。自然の中にみずからの前史を見いだすところに、思い起こせない過去を直観するという仕組みが導入されている。意識は内部に多くの選択肢を含んだかなり優秀なシステムであるが、同時に自己安定化と自己正当化（一般には自己意識と呼ばれる）の仕組みを備えているために、渦巻や竜巻のように、自分自身の総体を作り替えていく仕組みはもはや失っている。

またダーウィンのような博物学のもとで植物や動物の知能を研究してきたものにとっても、多くの自然知能のアイディアが見られる。自然知能の研究は、基本的には人間とは異なるタイプの知能の研究であり、その知能が人間の選択肢を広げてくれれば、新たなタイプの現実性が形成される。

ダーウィンが関心をもった自然界の運動の一つが、つるまきの上昇運動である。螺旋状に上るつるまきは、茎そのものが回転運動しているのか、回転運動は一定の幅で行われるのか、筒や樹に巻き付いたときに巻き付かれた筒や樹を引っこ抜くとどうなるのかなど、条件を変えて調べ上げている。一般的にはつるまきは、上昇して上っていく自分の体重を支える仕組みである。回転を付ける仕組みは、一般的に考えれば回転する部分の外側の細胞が増長し、内側の細胞が収縮することでカーブを作り出すことができる。外側の細胞と内側の細胞の成長速度の落差である。うまくカーブを作り出すことができれば、その後はそれを固定しなければならない。蔓が木製化して固化するのである。

螺旋状の回転運動は、おそらく人間の精神の中にはなく、言語的な定式化にもなじまない。こうした自然界に固有の運動のモードを取り出すことで、人間にとっての選択肢を広げていくことが自然哲学の課題となる。

職人の哲学

自然知能の開発では、実は職人的な能力が問われる。職人の能力こそ要なのだが、それがどのようなものなのかの考察がほとんどなされないままであった前史がある。科学技術は、人類的な普遍性をもつ。そのため時代を経て、あるいは国や文化を超えてきわめて理解しやすい。科学技術史の記述では、成功し、普遍化された技術と、科学法則が中心となって議論される。そのため職人の技能や関心の向け方に、多くの場合、注意が向くことはなかったのである。

科学法則の基本は、「仮設演繹法」である。理論的な仮説を立て、それがどのように個々の場面で吟味されるかというかたちで論じられることが多い。また科学的な理論仮説とは別建てで、自然観と呼ばれるほどの大枠が持ち出されることもある。有機的自然観、機械的自然観というような「観」の付く大枠が持ち出されて議論されるのである。これが科学の読み取りである。学校教育の現場でこうした教え方をするために、それに慣れ切った思考回路でもある。

それに対して、職人の哲学は、言語と視覚に依存する理論知（観照知）とは異なり、身体、身体行為、道具等々が不可分にかかわる知の形態だと考えて進んでいく。世界の多様性、人間の多様性に対応していくためには、それじたいで多様化する仕組みを備えた知でなければならない。その一つのやり方が「職人の哲学」である。

言語は、人類の行った最大の発明の一つであり、ホモ＝サピエンスの最大の特徴でもある。誰しも言語についてはそれを受容したり、拒否したりする選択肢はない。気が付いたときには、すでに身についている。しかもやっかいなことにひとたび言語が身についてしまえば、言語が習得される以前には戻ることができない。小さな技能でも同じようなことが起きる。自転車に乗ることができるようになれば、もはや乗れなかった自分に戻ることができないのである。技能は、ひとたびそれが獲得されればみずからの過去を再編してしまう。

しかしこの言語の発明という内実は、言語そのものの仕組みによって大幅に制約を受けている。正直に言えば、この言語のおかげで、人間は自分の能力の展開可能性を大幅に制限されているのではないかと私は疑っている。

言葉は基本的に線形のかたちをしている。主語、述語、目的語、補語のように順次並んでいる。これは言語が音声言語で開始したことでいやおうなく出現した特質であり、時間経過の中に順次配置することによって言語の仕組みがかたち作られていることによる。そして言語は、その限りで線型にならざるをえない。音声の時系列的な差異の組み合わせが言語である以上、言語は半ば必然的に「線形」である。

経験や物事で線形に進行している領域はごくわずかである。思考回路で、感覚が動き、感情も情感も動いているとき、言語表現とともに動いているはずだが、言語的に汲み取ることのできる線形の領域は比較的狭い。そのため言語には、それを活用するたびに経験の範囲を狭めてしまうところがある。

一般に現在人間が手にしている理論的、科学的な自然観とは、要約しやすい議論のことである。そして学習しやすい議論のことである。あらかじめ学習のコストが下げられるように形成されているのが、理論知である。そのことは、マッハの言う「科学は思考経済にしたがう」という言明にも表われており、ゲーテが「因果性とはたんなる擬人観である」と言ったことにも表われている。そのとき「理解」とは粗い要約のことであり、理論的理解とは自分の枠内に、世界の現実を閉じ込めることでもある。こうした動向は言語的に定式化された規則や数学的に定式化された多くの規則に、そのまま当てはまっている。

それらに比べて、職人的な行為は、まったく別様な進み方をした。物を作ることはほとんど小さな偶然に付き纏われている。予想したような結果が出ないことはごく普通のことであり、予想外の素晴らしい結果が出ることもある。どのように作り慣れた工芸品でも、そのつど一回勝負である。理論知とはまったく異なる仕組みで経験は進んでいく。だがこれらはほとんど中心的なテーマとなることもなく、内実に注意が向くこともなかった。しかしおそらくこれでは核心的な見落としが起きてしまう。

伝　統

ヨーロッパの伝統では基本的に、職人の技能は身分的に見れば下位の者、場合によっては奴隷によって行われてきた。医学で見れば、内科医はアリストテレスやガレノスの本を読み、解釈を行うことで「大学での講義」が成立している。それに対して外科医は手術を行い、散髪や按摩もやり、馬の蹄の打ち付けも行った。そして店の外に、赤と青の二重螺旋の宣伝用の看板を掲げていた。この看板が現在でも床屋に残っている。

高級な知識は、言語をつうじて学ばれ、眼と耳から吸収されるものだと思い込まれていた時代である。それに対して職人の知識は、身体を動かし、触覚性の感度を活用しながら形成されていく知識である。知は伝統的に眼と言語から吸収されるものが高級であり、身体を動かしながら実行されるものは下級なのである。この雰囲気は、日本の大学でも残り続けており、理学部は高級であり、工学部はそれよりも劣る。理論は大切だがフィールド調査は劣るというように、思い込みのような通念がある。理学部数学科と文学部哲学科では、幼い頃から箸と鉛筆より重たいものをもったことがない、というようなカッコよさがある。それに比べれば、職人的な学問は輝きが悪い。

また別の側面がある。職人の技術は、ほとんどの場合「無名」である。デカルトやニュートンのような法則の定立者としての名前は残っていない。継承され、受け継がれていく知能や技能は、誰の所有物でもない。ところが職人の中には、継承して自明化していく技能には容易に落ちてこないようなものがいる。歴史の不連続点のように、歴史に組み込まれないままになるような技能は、一般的には「名人芸」であり、場合によっては人類の財産として「天才の業」とも呼ばれる。

たしかに技能の中にはどうしてこんなことまでできるのかというようなものがある。だがそうしたときには現在の人間の学習の仕方が狭すぎるのだと考えていくことができる。日本に残る伝統工芸や無形文化財も類似した難しさに直面することがある。後継者は容易には育たない。そうなると一人だけの名人芸のようなかたちとなる。歴史的に見れば、歴史の不連続点となる。そうなると世間的には天才的な能力だと呼ばれる。

人類が、文化の歴史をつうじてうまく学び継承できないできた知の形態があり、技能の形態がある。それが職人の技能であり、職人の哲学である。職人は、現実にはほとんどが無名で終わる。無名だから悪いわけではない。成功する技能は、他の人たちも実行できるものであり、技能の開発者は、基本的に匿名化し、匿名化とはその技能が人類の経験に組み込まれていくことである。

一般的に考え直すと、日本は職人的な技能で、つねに新たな価値を作り続けてきた。極限化を含む近代科学的な思考方法の延長上で新たな開発を行うことは、それほど日本人の資質に合うわけではない。極限の世界は、数式的に定式化され、最初から普遍化可能な位置で形成されている。

おそらく日本人は、こうした思考方法で展開可能な能力をそれほど持ち合わせてはいない。むしろ小さな工夫の積み上げの延長上で、偶然を含みながらさまざまに展開していく能力に向いている。小さな工夫の蓄積の延長上で獲得されるものは、一挙に理論化されるような理論構想とは異なる。またそれは知って理解し、応用できるような情報的な知能ではない。

ここでの構想は、自然知能の応用と職人的な技能の接点で、人間の能力の拡張の仕方を考えてみることである。

2 思考・作業・経験

ダ・ヴィンチ・システム 1

ダ・ヴィンチは誰でも知っている天才的な画家であり、一度ダ・ヴィンチの絵を見れば、たとえ署名が無くても、ダ・ヴィンチの絵はそれとしてわかる。絵画史の中に不連続点を創り出すほどの画家である。

ダ・ヴィンチは「万学の天才」だと言われ、そう称賛される。それは事実である。だが天才は、地震や津波のような「天災」とは異なり、たんにいくつかの偶然が重なって生じたり、特異な能力だけで生じるものではない。ダ・ヴィンチは、デッサンの能力は抜群であり、幼少期から歴史の中の不連続点になるほど際立った才能を発揮している。しかもダ・ヴィンチの遅筆は有名である。いったい何をしていたのだろう。

デッサンの能力が優れているだけで、「万学の天才」になることができるわけではない。そうであればただ絵のうまい人に留まる。むしろ経験の仕方や物事の捉え方に、それ以前とは異なる局面が出現し、さらにそうした事態が、多くの領域で展開可能性をもたなければならない。事実、天文、機械学、力学、水理学と多くの領域での考察をダ・ヴィンチは行っている。それらに見られるいくつかの特徴を取り出してみたいと思う。

ダ・ヴィンチは不思議な才能である。一度でも絵をつうじてダ・ヴィンチに触れたことのあるものは、この才能について機会を見て思いを描いておきたいと感じることが多い。美術史家であれば一度は手掛けておきたい対象である。しかしダ・ヴィンチ自身はこの才能を生かさず、ろくに絵を描かないで手稿を書き続けている。しかも残された手稿は膨大であり、世界各地に散らばっている。売りに出されれば高値で取引される。マイクロソフト社のビル・ゲイツも手稿のごく一部を所有している。この手稿群には、同じテーマを何度も扱ったものも多く、美術史家にとっては、ゲンナリするほどの量であり、科学史家にとっては、何が目新しく、何が同時代のものを写し取っただけなのかが判然としない「困った草稿」である。

しかもそこでの言語的な表記が、とても名文とは言えないような入り組み方をしている。正直に言えば、何を描きたくて延々と描き続けているのかがよくわからない部分が多い。同時代の文献で見ても、ダ・ヴィンチの文章は読みやすい文章ではない。おそらく人文書を読み、人文的な伝統の中で文章を書く、という訓練をほとんど積んでいない文章である。それだけではなく、おそらく文章を書き残すことで、まったく別のことをやってしまった文章なのである。

ダ・ヴィンチが膨大な手稿を残していることは、以前より知られていた。だがファクシミリ版で多くの人が見ることができるようになったのは、一九六〇年頃からである。しかもそうした手稿も読者用に整理されているわけではない。ダ・ヴィンチ自身は、何冊もの著作にして公刊したいと思い続けていた。一二〇冊を超える著作群の構想をもっていた節もある。だが草稿を遺産相続し、弟子のメルツィが手を入れて編集し、成書になったのは『絵画の書』の一冊だけである。これは一九世紀初頭にバチカンの図書館で発見され、『ウルビーノ手稿』と呼ばれていた。

手稿の内実は、ダ・ヴィンチ自身が将来何冊もの著作にしたいと考えていた膨大なメモである。遺稿のように整理され、出版までは至らなかった草稿のことではなく、そのつど考えてきたことを書き留めたメモの類である。こうした手稿を残すほどの猛烈な勉強をしたようで、ラテン語の基本単語集も自分で作っている（『トリヴルツィオ手稿』一四八七～九一年）。人体解剖図を延々と詳細に描いた手稿の中でも最長期に及ぶ『解剖手稿』（一四八五～一五一五年）や『鳥の飛翔に関する手稿』（一五〇五年）のようにまとまったテーマでの手稿もあるが、多くは、そのつど関心の向いたテーマで書き連ねたものである。ダ・ヴィンチ自身、三〇歳を超えた頃から猛烈に勉強を始め、そのつど経験したことをともかくも書き残したのである。最初期の草稿だと見なせるのが、『パリ草稿B』であり、ここには軍事、機械技術、鳥の観察等々について、思いのままに気づいたことを書き留めている。

そしてこうした草稿が膨大な量、存在する。出版する場合でも、たとえ本人が手を入れたとしても莫大な時間がかかる。こうした手稿は、それぞれの編集に当たったものが、少しずつ編集してきたものも多い。そのためダ・ヴィンチ自身の草稿の実態像がどのようなものであったかを見極めることは容易でなさそうに見える。そうした作業は、校訂、編集という気の遠くなるような作業となる。精確に言えば、困惑するような草稿なのである。

メモの取り方も執念が違うと感じさせる。項目ごとに短く書くような書き方ではない。それだとアフォリズムという書式があり、内容のまとまった事柄を短文で書き連ねることもできる。パスカルの『パンセ』がそうした書き方になっており、ニーチェもウィトゲンシュタインもそうした書き方を好んだ。ダ・ヴィンチの場合、アフォリズム形式で考えをまとめたのではなく、ともかくも注意の向いた事柄を何でもメモに残した。そんなやり方でもやれてしまうのかと思うほどの作業である。

ダ・ヴィンチ自身、一〇歳頃にベロッキオの工房に丁稚奉公し、職人の履歴を開始している。一般的な意味で、学校での学習はしていない。そもそも著述家になるような訓練は積んでいない。書き手としてはそうした異質な履歴を歩みながら、それでもメモを書き続けている。

そこでの作業を横目で見ながら、ダ・ヴィンチの行ったシステム的な思考法、作業方法、経験の仕方を取り出したいと思う。それが「ダ・ヴィンチ・システム」である。あれほどの絵を描く能力をもち、しかもろくに絵を描かず、代金をもらっても簡単には絵を渡さなかったダ・ヴィンチが実行し続けたこと、それがダ・ヴィンチ・システムである。

ダ・ヴィンチの個人史

ダ・ヴィンチ自身は、嫡子ではなく、正規の法的な夫婦から生まれてはいない。また一般的な高等教育は受けていない。学校教育で学べるような知識を身に付けていないのである。また幼少期から職人の徒弟修業を始め、そのときの親方（マイスター）であるベロッキオ自身が驚くほどのデッサンの才能をダ・ヴィンチは示している。そうした環境の中で腕を磨きながら、膨大な手稿を残した。本人は正規教育を受けていないことで、自分は「無学」だと言い続けてもいる。そして経験を手本にして学んだと語ってもいる。

気質的にはダ・ヴィンチには何でも面白がる変質的な傾向があった。男色の行為が頻繁に行われた場所近くを徘徊し、二度、不審人物として当局に訴えられている。晩年に「鳥の夢」について、いつでも思い起こそうとすれば思い起こせる夢だと語ったことから、精神分析医のフロイトが敏感に反応して、正嫡子でなかった生い立ちを織り交ぜながら、ダ・ヴィンチの「無意識の抑圧された欲望」について語ったことがある。

ダ・ヴィンチは自分自身に抑圧をかけるようなタイプではなく、抑制的な人間ではない。また誰にも理解できないプライドを抱え込み、虚妄を述べ続ける妄想様のタイプでもない。およそ精神分析がターゲットとする人物像からはほぼ外れている。実際にやや卑猥な言語表現や男女の交接図も描いているが、それらには人間についての物理的関心が前景に出ていて、性的事柄に情動的に反応している様子がない。

精神分析系の人たちは、こうしたことをいつものように誤解してしまう。人間関係で言えば、一〇歳のときから養子縁組をして身近で養育していた少年、通称「サライ」も奇妙な取り合わせである。夕食会に連れていけば、他人の家の物品、器物を壊したり、小金をくすねるような盗癖に近い性向があった子供である。このサライを、ダ・ヴィンチは終生ごく近くに置いている。「困惑の中の溺愛」というダ・ヴィンチの態度が、かなりはっきりと出ている。ここでも精神分析的な議論は、「少年愛」に引っ張られてしまう。むしろ少々人間の枠から外れた素質や資質が、ダ・ヴィンチにとってはこのうえない楽しみであったと思われる。

また人体像を描くために、頻繁に死体解剖所に出入りして、出入り禁止にもなっている。信憑性ははっきりしないが、カブトムシを捕まえて表面をメッキ加工し、周囲の人に見せて驚く様子を楽しんでもいる。面白いものを探しだすと、ともかくもさらに一歩進んで面白くなるように何かをやっていくタイプである。

冗談も多く、寓話も少なくとも三〇編ちかく書いている。イソップを手本にして書いているようにも思えるが、自分の思いを綴ったものが多い。寓話とは、小さな物語形式を使って教訓や示唆をそっと込めていく語りである。たとえば鷹が小さな羊を捉えて空高く飛び立つのを見て、普通の鳥が鷹の振る舞いを真似してみた。すると足の爪が羊の毛に引っかかってしまって、もがけばもがくほど足が絡まって身動きできなくなる。そして羊飼いに捕らえられてしまう。こういう話を押しつけがましい教訓を述べないまま物語とするのが成功する寓話である。

ダ・ヴィンチにも、動物を使った場面を描いたものがいくつもある。たとえば「淫蕩――蝙蝠はそのとめどを知らぬ淫蕩のため自然のおきてたる男女の道にしたがわず、ゆきあたりばったり、雄は雄、雌は雌と交る」（『レオナルド・ダ・ヴィンチの手記 上』一二七頁）（以下、『手記 上』『手記 下』と略記）。こういう小話はそれほどうまいとは思えないが、それでも思い浮かぶたびに書き記していくのである。
ダ・ヴィンチは、毎日、経験を軽くして冗談やファンタジーを思い浮かべて経験を広げ、他方、テクニカルに作業をする場面では、別人のように集中して、次々にさらに一歩進むための道筋を探し出そうとしている。その場面では、繰り返し気の落ち込むような選択を通過している。経験の拡張の場面では集中度を緩和して弾力を高め、作業に取り掛かると前に進むための選択肢を考案する。このファンタジーに満ちた快活さと集中した技能作業の落差が、凄まじいのである。おそらく経験の資質からすれば、「分裂気質」である。

実際、ダ・ヴィンチの自然観察は、こんな場面を捉えようとしている。

薬草や鉱物や樹木の効能は、人々がそれを知らなければ存在しないだろうか。もちろんそうではない。だから、薬草は人間の言語や文字の助けを借りないでも、それ自体で高貴なままである、とわれわれは言おう。
（『絵画の書』四四頁）

こうした認識につながる数々の断片が存在する。物に固有の運動や動きの系列あるいは連動の仕組みに、ダ・ヴィンチの注意が強く向いている。

父母は実の子よりはるかに継子のためをはかるべし。――接木に養分を送る樹について。
（『手記 上』一五五頁）

数多の子供ら、情容赦知らぬ杖もてその母の腕より奪われ、地面に投げ出され、やがて踏みにじられん。——栗やオリーヴやどんぐりや胡桃など。（同前、一五六頁）

森はおのれをころす子を生むべし。——斧の柄について。（同前、一六二頁）

等々である。

こんなふうに物には運動と材質の変化をつうじて出現する物の固有の能力が備わっていることに注意を向けている。

あるいは壺に水を入れて壺を動かすと、水の表面が波立ち、水が跳ね返る。こんな事実に注意が向き、どうしてそうなるのかを考えようとしている。水は表面で空気に触れている。この空気に触れている場所で、水には摩擦運動に類似した作用が働く。「運動するものはおのずと運動を続ける」という慣性運動のような基本法則がまだない時期だから、力学的には相当無理な説明だが、物の固有性を捉えようとするとき、そのもの固有の仕組みを考えようとしているのである。

これは一般法則を応用して、物に割り当てられる変数の値を指定するような解明ではない。一般法則のもとでの応用事例を一つ増やすようなまなざしではない。言ってみれば、物の個体性を捉えようとすれば、物そのものの固有の仕組みを取り出すしかない。これは見かけ上、近代物理学に似ている。だが演繹法則から解明するのではないのだから、むしろ物がそれとしてみずからである仕組みを解明しようとしていることになる。

一般的に見れば、近代科学法則が確立されて以降、もはや誰であれこうしたまなざしをもつことができなくなってしまった。近代科学法則のもとでは、個物は固有の変数の値として相対的な配置をあたえられるだけである。それらの相互は差異として捉えられる。だが個物は、それとして個体である。ここにダ・ヴィンチのまなざしが向かっている。個体は世界の不連続点として、際限のない深さをもつのである。個体は、物、植物、動物であれ、それぞれがやはり固有性をもつ。この固有性に届くように、ダ・ヴィンチはまなざしを向けようとしている。

ダ・ヴィンチは三〇歳を越えてから、ラテン語を独学で学び、多くの本を読んでいる。当時の大学の専修科目であるリベラルアーツ（自由七科）である、文法、修辞学、弁証論の三科と、算術、天文学、幾何学、音楽の四科のうち、ダ・ヴィンチは算術、天文学、幾何学にはことに強い関心を示している。同時代で見れば、大学の自由七科に対して、冶金術、建築術、裁縫術、農業、商業、航海術、軍事術を「機械七科」とする実業社会の専門分野が成立していた。それらに、からくり術、医術、狩猟術を付け加えることもできる。それらにはダ・ヴィンチは多大な関心を示している。

時代的に先行する世代で見ると、線遠近法で建物を描いたブルネレスキ（一三七七〜一四四六年）がいて、すでにフィレンツェのドームの半円球状の天井を作り上げていた。またタッコラ（ヤコプの通称、一三八一〜一四五八年）は、多くの回転式機械や作業器具の図録を残している。ギベルティ（一三八一〜一四五五年）も同じように多くの図録を残している。だが何と言っても、レオン・バティスタ・アルベルティ（一四〇四〜一四七二年）とフランチェスコ・ディ・ジョルジョ・マルティーニ（一四三九〜一五〇一年）は、ダ・ヴィンチに先行する世代の中でも「万学の天才」と呼んでよいほどの広範な才能と仕事ぶりを示していた。

彼らは絵画論、芸術論、建築論と多方面の作業を行い、実際に数冊の著作がある。万学の天才と言えるほどのモデルは、ダ・ヴィンチの同時代もしくは少し先行する時代にすでに存在していた。とすると多くの領域のことに関心を示し、それぞれの領域で何がしかの成果を出した程度のことを、ダ・ヴィンチに固有の功績や才能の資質だと考えることはできない。少なくともそれぞれの領域で、ダ・ヴィンチは先行するものとはまったく別のことを実行したのである。

人文主義との違い

ダ・ヴィンチが、アルベルティの著作を所有していたことはわかっている。アルベルティの著作に眼を通したのかもしれない。ダ・ヴィンチに先行する「万学の天才」系列に配置されるのだから、参考にしたと思われる。だがおそらくダ・ヴィンチにとっては、アルベルティの著作は疎遠なもので、読んでも接点がない著作だったと思われる。経験の動き、注意の向き方、探究の方向とも、ダ・ヴィンチにとってアルベルティはまったくと言ってよいほど接点がなかった。

アルベルティは、正規の大学教育を受けた「高級知識人」である。パドヴァで古典学と数学を学び、ボローニャ大学で法学を学び、後に教皇庁の書記官となっている。著書に『絵画論』『芸術論』『建築論』があり、同時代的に見ても高級感のある知識人である。そこで行われていることが人文学である。「人文学」の基本は、知識として膨大な世界史的素材につうじており、それらを時間軸に沿って配置して見せる技法である。歴史的素材の多くは、「言葉」から学んだものである。

アルベルティにとって、若書きの『絵画論』は、比較的自信作であったらしく、多方面に献本している。自分の勉強の成果を示した著作になっている。絵画を、音楽と並ぶ学問に仕立てたいという基本的方針は明確であり、この方針じたいはダ・ヴィンチも継承している。だが内容が「ダ・ヴィンチ的なもの」とはかけ離れている。

アルベルティの著作の大半は、既存のテクニカルタームの概念的な整理なのである。人文主義者は、過去の著作から言葉をつうじて学んでくる。それを歴史的素材として配置していくのである。アルベルティ自身が、かりに絵画制作に取り組んだ機会があったとしても、こうした人文主義的な表現を用いる限り、つねに現場から遠ざかり、現場や制作行為とは別のところで立論してしまうことになる。実際アルベルティは、多くの人名、多くの逸話、多くの歴史的事例をよく知っている。またそこには数々のガセネタの類も含まれている。要するにこれらは「読み物」なのである。

アルベルティの著作は、たとえ彼が制作にかかわっていた場合でも、せいぜい「プロデューサー」の位置に留まり、作家の位置には届いていない。作家は、どのような著作から刺激や霊感を受けようと、言葉そのものを捨てていく局面を通過しなければならない。言葉を捨てて、自分自身の工夫で進んでいく局面が「制作」である。言葉は何かを表わしている。この何かを自分なりの経験の中で展開していくためには、当初きっかけをあたえてくれた言葉を括弧に入れ、捨てていくしかない。

アルベルティのような能力のあるものでさえ、まさに能力があることによって筋違いのところに進んでしまう。これがアルベルティの人文主義の基本的な特徴であり、ダ・ヴィンチにとって接点をもてなくなってしまう特質なのである。アルベルティにとって、教養に溺れてしまっていると言っても、教養が邪魔になっていると言っても、事態は同じところに行きつく。これが「知」ということの恐ろしさなのである。ダ・ヴィンチが、言葉からではなく「自然から学ぶ」と言うとき、経験の仕方の基本形と、そうした経験への自負と覚悟を表明している。

絵画は、光と色をつうじた制作である。光についてみれば、アルベルティは絵画について、輪郭線（境界線）を重視してしまう。物の表面の光の反射は、変化の一様な広がりであるが、輪郭線では、光の反射が変化率としてさまざまな大きさをもつ。それは事実である。それを詳細に詰めることなく、輪郭線から制作を開始するように描いてしまう。全体の配置から絵を描くように誘導するのである。またそのさいには、配置を決めていく構図が重視される。最初に構図を描き、構図の中に配置をあたえていくような作業になってしまう。言ってみれば、微積分で現実性の出現を語らなければならない場面で、部分－全体関係での単純加算・減算で処理してしまうようなことになっている。

アルベルティの建築論も同じような性格を備えている。典型的な箇所を取り出してみる。

ある工事を実現するあらゆる理論的方法は次のことに属し、かつ尽くされる。すなわち、一つの秩序に従って集められ、技術的に整えられる多くの事物、切石、割石、木材その他、これらの事物から可能な限りの緻密な全体的、統一的構造物を導き出すことである。全体的また統一的と呼ばれるものは、その諸部分が残余の諸部分と切り離されていず、また関連を失ってもおらず、さらに、それら自体の本来の位置からずれてもいない、すべての線の伸長に筋道が通っており、諒解がつくようなものである。

（『建築論』六四頁）

おそらくこうした文章には誰にも異論はないと思われる。それというのも「統一的全体」という言葉の意味内容に、定義をあたえるように別の言葉を詳細にしているからである。少し強い言い方をするなら、言葉を言葉で置き換えることに留まってしまっている。

アルベルティの著作の多くは、言葉の詳細な明確化に力点が置かれている。そして使っている論理関係は、「部分－全体」関係である。たとえば階段は、作り方によって「部分－全体」関係を組み換えてしまうことがある。そこでどのような階段を構想し、工夫するのかに踏み込まなければ、制作にはならない。部分－全体関係には、実は多くのモードがある。このモードのさまざまな局面を作り出すように制作は進む。ところがそれに代えて、既存の部分－全体関係に配置をあたえるようにアルベルティは記述してしまう。こうした人文主義者の表現は、職人からすれば、どこか筋が違うとおのずと察せられるものである。

人文主義者は、多くの宗教的余談や予断を捨て、同時代的な文化的制約を放棄して、おおらかに自分の思いを述べることができている。制約から解放されているというこの「おおらかさ」が、人文主義のセールス・ポイントなのである。

だがそこから一歩進むためには、まったく別のセンスが必要であった。

制作行為

ダ・ヴィンチはミラノのロドヴィーコ・スフォルツァのところでの仕事を求めて、「自薦状」を書いており、そこでは兵器や橋の建造方法、濠の水を抜く方法、岩や要塞を破壊する方法、大砲の構想、地下通路の作り方、戦車、臼砲、軽火器、投石器、射石砲を作ることができると述べている。現実にどのようなものを作ってみせるかに制作者の力点はある。

少なくとも三〇歳前後で、こうした実践的、実用的な器具、道具の作成を行う用意があったと見てよい。こうした請負仕事で得られる報酬を主として稼ぎの糧としていて、絵を描くことはそれの一部だったと考えるのが実情に近いであろう。

実用的な道具や器具を描くさいのデッサンや絵を描く才能は、存分に発揮されている。デッサンの能力が並外れており、器具や機械を描いてもその場その場で天性の「画家」だったのである。そのことはタッコラの描く絵が、ほんのメモ程度の走り描きであったのに対して、ダ・ヴィンチの描く絵は、実物以上に実物なのである。

ダ・ヴィンチの描いた手稿の中のかなりの部分は、同時代や先行する時代に残された図版の写し取りであることが、今日では判明している。だがどこからどのように引き継いできたのかは、詳細なところはわからない。誰であれ、同時代に継承されたものを踏み板として、キャリアを始めるしかない。同時代の水準を引き受けながら、そこからともかくも前に進んでみる。落下傘のような飛行物体も、タッコラの記述に見える。四角錘にひもを付けてぶら下がると、落下傘のようにうまく落ちてくれる。実際に同時代に同じようなものを作り、実験してみたものがいる。地上近くまでは、落下傘と同様にうまく落下できるようである。そうした先行事例をもとに図柄を描いてみた箇所もある。

一般的に考え直しても、この常軌を超えたダ・ヴィンチの手稿が何を行っていたのかは、簡単に配置をあたえ、評価することは難しい。後にガリレオやニュートンによって基本形が作られる「近代科学」につながるような記述は無数にあり、それを取り出して、先駆者のように語ることはできる。そのやり方では、過度に近代科学の前史に配置しすぎるのである。だがダ・ヴィンチのようなタイプは、配置をあたえて評価するような仕方では、うまく理解することはできないように思われる。

ダ・ヴィンチの遅筆は本当に有名である。筆を取れば半日以上は集中し続けることができ、そしてまた考え込む。いったいどこに時間がかかっているのだろう。作品に取り掛かると容易には終わることができない。あれだけの技術をもちながら、描いた絵画はごく僅かである。謝礼金を受け取っても、依頼者に絵を引き渡そうとはしない。依頼者は最後にはダ・ヴィンチから奪うように作品を取り上げるしかなく、実際そうなっているようである。

この遅筆の理由は、現在、ダ・ヴィンチの絵のX線分析でかなりのところ明らかになっている。ダ・ヴィンチの絵には下絵がなく、下絵に合わせて色を付けるというような描き方ではないようである。また絵筆の跡がない。指の指紋はいくつか出てくる。絵筆の跡がないのであればいったいどうやって絵を描いたのだろう。当然、絵筆で描いたはずだが、跡が残らないように描いたのである。

色は、一二層になっている。つまり薄い色を付けてそれを何層も重ね、最後にかたちがくっきりと出てくるように描いたことになる。色を薄くするには、色素を多めの油で薄める。それをカンヴァス全体に塗り、層にしていく。それを一二回繰り返す。一回一回、油が乾くまで待たなければならない。油が乾かないまま次の層を付け足すと、下の層の色が濁ったり動いたりする。そのつど乾くのを待って長時間の作業を行う。こうやってできた絵が、いまにも表情の動きそうな「モナ・リザ」の顔であったり、陰影の度合いがまるで微分のようになだらかに変化していく衣服の折りたたまれた起伏であったりする。かたちに色を付けるのではなく、色合いの細かな変化の連なりからかたちが浮かび上がってくるように描いていくのである。こんなことは、誰にも真似はできない。

絵を描く合間や、油が乾く合間には、かなりの時間が空いている。また絵を描かなかった時期もかなりある。その時間をダ・ヴィンチは自然学研究に使っている。精確に言えば、勉強や研究の合間に、絵を描いたというのに近い。

残された膨大なデッサンも、同じ題材についての繰り返しが数多く含まれている。そのつど徹底的に何かを考えている。だがいったい何を考えているのだろう。

「智慧は経験の娘である」(『手記 下』「科学論」九頁)。典拠や書籍からではなく、経験だけから学び取っていく。

さらに「自然は、経験の中にいまだかつて存在したことのない無限の理法にみちみちている」(同前、一三頁)。書かれた理説や憶測からではなく、自然そのものから学ぶ。こうしたルネッサンスの一般祖形である、「経験」と「自然」の重視は、ダ・ヴィンチの手稿のいたるところから取り出すことができる。しかし何を経験することなのか、自然をどう捉えることなのか。デッサンの技術以前に何か人並みはずれた経験をしているのでなければ、あれほどの作品を生み出すことはできない。

ダ・ヴィンチ自身は、絵で巨額の支払いを受ける利害を除けば、あまり絵を描くことに関心がなかったように見える。事実、本人が描いたとはっきりわかるものは以下である。推定される制作年代には、いくぶんか幅がある。

「受胎告知」(一四七二～七五年)
「アルノ川の風景」(一四七三年)
「衣襞の習作」(一四七〇年代)
「ジネヴラ・デ・ベンチの肖像」(一四七四～七六年)
「聖ヒエロニムス」(一四八〇～八二年)
「三博士礼拝」(一四八一～八二年)
「岩窟の聖母」(一四八三～八六年)
「白貂を抱く婦人」(一四九〇年)
「最後の晩餐」(一四九五～九八年)
「モナ・リザ」(一五〇三～〇六年)

「聖アンアと聖母子」(一五一〇年頃)
「洗礼者ヨハネ」(一五一三〜一六年)

これ以外にも、頼まれてごく一部ダ・ヴィンチが描いたのではないかと推測、推定されるものが、約四〇点ほどある。数え方にもよるが、同時代の先輩ボッティチェリの一一〇点、後輩のミケランジェロの彫刻・絵画の二五〇〜三〇〇点に比べれば、測定誤差に留まる。ほとんど絵は描かなかったということに近い。

ではダ・ヴィンチは何をしていたのか。著作計画を立てて、手稿を書き続けていた。その中のごく一部を法定相続人で弟子のメルツィが編集し、『絵画の書』として公刊されている。はっきりと著作として出されているのは、この一冊だけである。他の手稿は、売り払うか、無くなってしまうか、行方不明になっており、現在ダ・ヴィンチの手稿として確認されているものは、ほぼ三分の一から半分だろうと言われている。まだ出てくる可能性がある。手稿群の一覧は、次章の記述を参考にしていただきたい。

手稿には、同時代に他人によって描かれていたものを写したり、自分の草稿を写した部分もあり、そのつど考えたことを後に編集できるように書き残したと思われるが、自分で編集している様子はない。

一九六〇年頃から、ヨーロッパを中心とした各所蔵家がファクシミリ版を公開し始めて、内実を知ることができるようになった。一九八〇年代には日本で多くの翻訳が公刊されて、手稿の全体像を知ることができるようになった。一九八〇年代と二〇〇八年前後(ダン・ブラウン『ダ・ヴィンチ・コード』(角川書店、越前敏弥訳、二〇〇四年)が公刊された時期)の二度、ブームのようにダ・ヴィンチ関連の出版が行われた。

全貌を全体的に見ると、美術史家から見れば、うんざりするほど散漫な書き溜めであり、科学史家からすると、アリストテレスの枠内にとどまりながら、近代科学につながる多くのアイディアを書き残したものだと配置される。ダ・ヴィンチの場合、勉強は、ほぼ独学である。ただこうした多領域での作業を手掛けたタイプの人物は、同時代で見ても珍しくはない。しかしそこでダ・ヴィンチが踏み込んだもの、さらには見いだしたものが、破格だった。

職人的知の特質

理論的構想はどのようなものであれ、実際の手続き的経験の手掛かりでしかない。手続き的経験は、現に何かを実行することであり、その実行のさなかで次の行為の可能性へと向けて進んでいくことである。行為の継続が可能なように次の選択肢へと進んでいく。

手続き的経験は、ひとまとまりの単位をもつが、それは物の性質に依存することもあれば、身体動作のまとまりに対応することもある。手続き的経験は、事物と身体的行為の連動から成立しており、認識も言語的理解も、付帯的に活用されるだけである。

ダ・ヴィンチの手稿を解説して、ダ・ヴィンチは物の運動を機械として見ており、「機械論」であるとする主張も、魂の働きを優先した「有機体論」であるとする主張も、いくらでも持ち出すことはでき、従来もすでにさんざん言われてきた。だが、実は手続き経験にとっては、どちらでもかまわない。立場から行為が導かれるわけではないからである。

手続き的経験では、物の見方、考え方が争われているわけではない。またそれを問題にしているわけではない。手続き的経験では、手続きが前に進むことができるかどうかが行為の基準であり、前に進むためには、機械の動きも魂の働きの比喩も活用する。手続き的経験では、前進／停滞のコードが基本であり、真／偽は末端の派生的な事象である。

職人は、理論的説明を求めたりはしない。物事を説明することは、職人の仕事ではない。説明のための概念的な枠組みは、作業を進めるための手掛かりの一つであり、ある意味で一つの比喩である。ダ・ヴィンチの草稿の中にアリストテレスの痕跡を見いだしたり、後に展開されるガリレオやデカルトの萌芽的な兆しを見いだすことは、実際に難しいことではない。手続き的経験は、自分の経験が実際に前に進むことができるかどうかだけを問題にしており、それがどのような意味をもつかは、評論家がやればよいことである。ここでは制作的行為者と観察者の分離がはっきりとでてくる。

歴史的な配置をあたえることは、理解のための便利な手法であり、配置をあたえてわかることはある意味で、初級者のやることである。理論的な枠とは、地図のようなもので、地図は現場の中で動き回るための手掛かりであり、地図から直接現場の現実を導き出すことができるわけではない。

手続き的行為の系列の反復が生じた場合には、すでに手続き的行為に「変数」が出現しており、同じ作業が繰り返し行われているように見える。変数はそのつど細かく変動するが、定型を求めてしまうとただ同じことを繰り返しているだけになる。つまり変数が定数に個体化され、固定される。このとき別様にもやれるかどうかの試行錯誤が求められる。定数を変数に置き換えてみて、別様にできることの可能性を探ることができる。

また一回限りしか成功しないような事象もある。一回限りという場面で、いわゆる「名人芸」が出現する。理論的に言えば「奇跡的偶然」だが、誰にとっても何が起きたかを明示することはできない。だが類似した事象を同じように作り出すことはできる。ダ・ヴィンチの「岩窟の聖母」は、現在ではルーヴルとロンドン・ナショナル・

ギャラリーにあり、ほぼ同じ構図で、同じような大きさである。一五〇六年に報酬をめぐる訴訟が行われており、その影響かと考えられるが、細かいことはわからない。「聖アンアと聖母子」も、ルーヴルとロンドン・ナショナル・ギャラリーにあり、こちらは構図も人物の表情も大幅に異なる。

同じことの繰り返しの中にあるとき、定数を変数に置き換えて、別様にして見ることの可能性を考案してみる。反復的な出来事の系列に、さらに変数が出現してくれば、行為も経験も別様にリセットされる。既存の出来事の系列は、新たな変数のもとで、再編され組み直される。再編としての記憶が働いている。記憶は、そのつどの手続き的経験の中で、繰り返し再形成される。

手続き的経験によって作られる事象の系列には、さまざまなレベルとモードがある。また個々の事象と事象系列の間には、分析が行き届かないほど多くのモードがある。たとえば事象の系列としては、植物の根から水が汲みあげられ葉から水滴になり、地下から山頂に水が昇り雨になって落ちてくるように、同型の動きが出現する場合には、それぞれはアナロジーとなる。

アナロジーは、共通の基盤も不要であり、かつどこかに行きつくのではない。二つの事象間の系列の関係は、「隠喩的」である。ヨーロッパでの隠喩の代表的な事例は、「愛は日差しを受けてほほ笑む小石」というものである。異質なものがそれとして親和性をもつ。そしてそのことにはそれ以上の理由はない。距離をもつものが、偶然のようにつながっていく。ダ・ヴィンチは、歯車の運動を見ながら、渦巻きの動きを想起しているようなところがあった。ダ・ヴィンチにとって、運動はアナロジーのようにつながっていた。

3 ダ・ヴィンチの「注意能力」は何に向かっていたか

ダ・ヴィンチ・システム 2

イメージ・ファンタジスト

ダ・ヴィンチの仕事の中には、大きく分けると、三つの構造的な柱がある。本職が画家である限り、視覚像を描くことが、あらゆる場面での仕事の成果である。

(一)すでに見えていることの条件を取り出す。これは「光と影の現象学」となる。だが言葉で記述される現象学とは異なり、視覚像(絵、デッサン)によって現象学の成果は示される。ここには派生的に多くの見ることそのもののエクササイズが含まれる。

(二)物事のうち、「動き」をその物事の本性だと考え、動きを捉えようとしている。機械の動きは、機械や道具のデッサンとなり、自然物の動きはそのものの本性を表わすものとなる。ところが渦巻のような動きの本性も、言語や数学で語られるのではなく、絵やデッサンのような視覚像で表現される。視覚像は、動きの「断片」しか捉えることができない。断片の切り取りが、動くことの全貌を感じさせることができるように、断片化を行う。いまにも動き出しそうな馬の姿、いまにも動き出しそうな人間の表情、蠢いている植物等々のように断片を取り出すのである。断片と動きの全貌は、部分-全体関係にも、要素-複合体関係にもならず、比喩的に言えば、「動きとその微分」の関係にしかならない。この断片の切り取り、すなわち動きの微分の作業は局面を変更しながら、積み上げられている。これが膨大なデッサンである。

（三）動きの視覚像は、通常見ているだけでは実行できはしない。物の知覚が成立するのは、持続的に見ることができる場合である。いま馬が前足を跳ね上げて、後ろ脚だけで立ち、ゆっくりと前足を降ろして四つ足で歩き始める一連の場面を想定する。一つ一つ思い起こすことはできるが、明確な像を視覚的に想起しようとすると、特定の場面だけが思い浮かぶ。想起される視覚像は、いつも特定の場面に限定されている。昨日の夕食の風景を思い起こしてみる。特定の風景が浮かぶ。五分前の風景も五分後の風景もあったはずである。だが特定の風景にすでに限定されている。一つながりの事象の中から、想起イメージを取り出すことで、実際の現実よりもさらに「現実的な像」を取り出す。これは最高の写実である。

ダ・ヴィンチのデッサンは、基本的には想起イメージで描かれている。「モナ・リザ」も「岩窟の聖母」も、想起イメージである。つまり女性のありうべき表情を出現させたのである。想起イメージにさまざまな変形をかけることで、人体の筋肉の仕組みや飛行機の模型や多くの道具を描くことができた。

手稿の中には多くの道具のデッサンが含まれている。その中には「多数の銃身をもつ機関銃」「水道橋に水を送り込む機械」「自動車」「機械仕掛けの翼」「旋回橋」「舟橋」「印刷機」「装甲車」、そして各種「ロボット」等があり、実際にモデルとして作ってみようとする企ては、最近でも行われている。だがダ・ヴィンチは、一つ一つ自分で作ってみたわけではない。また作るという仕事は、自分の仕事だと感じている様子がない。実際、彫刻家をひややかに見ている。

すべて視覚像で描き、イメージ像を創り出している。これは現代的に言えば、作家が設計図を描くことや、絵コンテを次々と描いてみることに近い。通常の原作者の絵コンテと異なるのは、個々の絵コンテが、絶品と言ってよいほどうまいことである。そしてこれによって「イメージ・ファンタジー」という固有の仕組みを作り出した。ダ・ヴィンチは、科学、哲学、芸術領域での「イメージ・ファンタジスト」だったのである。

ファンタジストの経験の仕組みは、どのような理論言語もただ前に進むための手掛かりとして活用する自在さをもつこと、見えないものを見えるようにするための多くの技法を開発すること、イメージの延長上でいまだないものに視覚的なかたちをあたえることである。そしてこれを大規模に一貫して行ってみせたのである。

見えていることの現象学

見えていることは生きていることの地続きの現実性である。物の認識の場面で、物をどのように見るかではなく、すでに成立している物の見え姿(物の現われ)を問うたのが、現象学である。現われは、認知科学的には、意味記憶ではなく、手続き記憶に依存している。手続き記憶は、自転車の乗り方のように、自動的に作動するさいの記憶である。そのため現われは、おのずと現われてしまっているのであり、見ることによって構成しているのではない。意識が生き生きと働くことと、現われが成立していることは、すでに地続きである。

構成以前にすでに成立している事象がある。それが現われである。現われは知覚が働いていることと地続きだから、現われのさなかで現われにともなう基本的な構造を明らかにしていくしかない。これは現われが出現していることのさなかで現われの特質を分析することであり、現われの外に出て現われを説明することではない。これが現象学的には「内視」と呼ばれる固有の反省の仕方である。そして現われてしまっている事象に内的に隙間を拓き、記述していく。これが「現象学的還元」と呼ばれるものである。こうした現われに含まれた基本的な構造的仕組みを明らかにするのが現象学の課題となる。

ところで闇の中では、物は現われるのだろうか。闇の中でも物がそこに存在することの感触はある。闇の中で手を伸ばせば手は物に触れるだろうという予期はある。だが現われとして、物が現われているのではない。夜明け前には、視野の全景は青みがかっている。青の感触は、どこか沈んだものである。物は青みがかって沈んでいる。光の中に物がくっきりと姿を現わすと、物は光を照り返すように輝いていく。現われの中には多くの感覚的な感触が浸透している。物は知覚によって捉えられるだけではなく、知覚的な現われが成立する場面で、すでに多くの要件が関与していることがわかる。

見ることの内在的条件ではなく、すでに見えてしまっていることの成立の条件を詳細に追跡すること、すなわち知覚の成立条件を詳細に追跡することは、現象学の成立環境を明るみに出すことでもある。それは物の見え姿を別様に捉えることでもあり、物の現われをさらに別様に追跡することでもある。現象学は、すでに成立している事象の内的な分析である。しかし事象そのものの成立には、実は多くの条件がすでに関与している。感覚の形成の延長上に、明確で安定した知覚が、最終的な副産物のように形成されてきたというのが実情に近い。

光（可視的な明るさ）は物が見えることの条件でもあり、見えることにキメをあたえ、見えることの細やかさを形成する。光は、見えることの大外の条件でもあり、内的に見えることのキメを創り出す内的で素材的要素でもある。光のもとで視覚は形成される。ちなみに物とは光を遮るものであり、闇とは可視的な暗さである。

可視的な明るさとしての光には、多くのモードが含まれている。それが見えていることの感触の違いを創り出している。この場合、光は粒子でも波動でもない。光が何であるかにかかわる仮説は、見えていることのごく一部しか明るみに出すことしかできない。また理論仮説は見えていることの詳細さに踏み出すこともない。つまり光が粒子であるとして、そこからどのように風景の圧倒的な多様性と細かさが成立するのか、明らかになる仕組みがないのである。

物の知覚では、物のさまざまな見え姿(射影)と物そのものの二重に分節した次元的浸透が起きている。それが物の一面的な現われと、対象そのものの区分に連動している。だがこの場合、物がそれとして物であることは知覚以前に感じ取られており、物がそれとして存在していることも感じ取られている。

物の知覚の手前で、知覚を成立させる広大な裾野がある。そのことを眼が光の中にいることの成育歴と呼んでもよく、ゲーテに倣って「眼が光によって光へと形成されること」だと呼んでもよい。見えるという現実性が成立することのごく一部が、物をすでに焦点化し、物に注意を限定したときの物の見え姿、すなわち知覚である。

知覚の出現は、光の中で生きることの末端を言い表わしたものである。知覚以前に、物がそれとして見えるようになることの自然性を支える場所がある。それが「光」である。光のもとでの注意の焦点化が「物」である。しかも物というとき、多くの場合、基本的には簡単には崩れない「個物」(剛体)が想定されている。だが物のように見えるものには、たとえば流れゆく雲、渦を巻く川の流れ、歩行する人の衣服、芽を出す植物、落下する水滴あるいはしずく等々も含まれる。

そこで通常、物を見て個物を捉え、個物の境界の変化を物だと知覚するのである。物とは、みずからひとまとまりであることを形成した結果である。だから物がひとまとまりであることは「物の活動の派生的な副産物」でもある。輪郭を描くというのは、最後の末端で成立していることである。つまり物が「それとして物である活動そのもの」をどのようにして描けばよいのか、という問題が同時に出現してくる。たとえば物の輪郭を描くかわりに、光と影の落差の度合いの変化を面として描いてみる。その落差の度合い（強度性）の変化が系列だってつながっているところに事物が出現する。それが物である。これは物がそれとして見える条件を追跡していることになる。見えること、見えてしまっていることとの出現の条件である。

物がそれとして見えるというのはある意味で、眼と光の奇跡なのであり、この奇跡が出現する仕組みの方から、物を描くことはできる。物とはこの奇跡の末端の副産物なのである。この出現の仕組みを最も象徴的に示している事象が、光であり色である。こんな場所から物を描こうとすると、写実ではすまず、各種技法にも解消されない試行錯誤が必要となる。

《衣襞の習作》1470年代／カンヴァス、ビスタ、グワッシュ／26×22.5cm／パリ、ルーヴル美術館

物の境界では、明るさの度合いの違いは、無限量に発散する。だから境界から物を描こうとする。物の境界が無限量に発散するのは、剛体が基本事例となっている。だが渦巻のように、水の中から水の動きが繰り返し出現するような場合の物では、そもそも明確な境界はない。境界から押さえるというのは、眼の限界でもある。物がそれとして物である場合には、光と影の落差の度合いは際限なく

多様で、この落差の系列が物の姿となる。この「光と影の落差の度合いの系列」が、作家のモードとなる。つまり絵の文体である。

ダ・ヴィンチは人並外れて、この度合いの系列が細かかった。光と影の落差は、そのため描く人ごとに固有性があり、新たなモードはまだまだこれからも開発できる。光と影の分散の新たなモードは、アニメーションでも開発され、新たな陰影を創り出した。コマーシャル画像一枚で、署名がなくても新海誠の作品は、それとしてわかる。光の中にある事物には、影がやどる。光の中に分散し、影として感覚されているものをそれとして取り出したのである。

白い牛乳をかき混ぜると、内から黒が出現することがある。だから白の中には黒が内在していると言ってもよい。光（可視的な明るさ）の中には、闇（可視的な暗さ）が含まれている。それが視野の中に分散的に存在する。新海誠が作り出したのは、誰でも感じ取っている分散する影を、表現として取り出したことである。明るさの中に闇は局在する。

先にも触れたとおりだが、このことは最近行われた、ダ・ヴィンチの作品についてのX線分析でも、事情が詳細にわかってきた。完成された絵の奥には通常、下絵が描かれている。対象の全体の輪郭を白黒で描き、物のかたちを描いて、そこに色を付けていくというのが普通の手順である。人間の眼では、かたちを捉えることが知覚の本性だからである。ところがX線で調べると、ダ・ヴィンチの場合、下絵らしきものがないのである。するとかたちを描きそこに色を付けていくのではなく、色や陰影の度合いからかたちを出現させていくことになる。

技法としては、薄い色に大量の油を混ぜ、色の度合いを変えながら、何度も塗りなおす。油はそのつど乾くまで待たなければ混ざってしまう。それぞれの層の油が乾くまで、数週間、場合によっては数カ月かかる。そして色の度合いや陰影の度合いの傾斜と配分から物のかたちが出現するように描いていく。物のかたちとはこの度合いの派生的な結果であり、人間の眼は結果を見ることに最大の特質と長所があるのだから、眼で見ればかたちが見えてくるように描いていくのである。光を受ける人間の顔は、反射光でいくぶん透明になる。かたちに色が付いているのではなく、反射光をまとうことで透明感が生じる。するとダ・ヴィンチの絵にはこの透明感まで描かれていることがわかる。おそらく薄く色を付けるさいに、混ぜていく油の量を調整しているのだと思われる。

こうしてみると実際に絵にする場合には、個々の描く技術が問題になる。誰にも真似できないような技術が発揮されている。実際に絵を描くさいの工夫の回路、思考の回路は、部分的にそれとして絵に現われ出るが、工夫の回路は、言語で書き残さなければ、描かれた絵が残るだけになる。教育的な配慮で言えば、ある種の経験の仕方を表現しているのが手稿である。そのとき物を見る訓練を徹底的に行い、それを図柄にデッサンしていくための「規則」にして系列を創り出している。そこには論理的な体系性も基礎から応用にいたる積み上げもなく、ただダ・ヴィンチが気づいたことが、無作為の系列のように配置されているのである。

その記述がどのようなものか、いくつかのものを確認してみる。

物体の縁は、あらゆるものの中で最小のものである。この命題が真であることは、次のようにして証明される。物体の縁は一つの表面であるが、その表面はそれに包まれる物体の部分ではなく、その物体を取り囲む空気の部分でもない。表面とは、しかるべき個所で証明するように、空気と物体の間にある媒介物である。ところで、これらの物体の側面の縁は、表面の縁をなす線であり、この線は不可視の太さを持っている。それゆえ画家よ、君は君の〔描く〕物体を線で囲んではならない。とりわけ実物よりも小さくて、その側面の縁が見えないだけでなく、遠方にあるためにその諸部分が識別できないような物の場合はそうである――

（『パリ手稿G』紙葉37表）

物体の色の多様性は、太陽光線に照らされた部分でないかぎり、遠距離からは識別されないだろう。球形の投影体と球形の発光体から生じた派生影が、さまざまな距離に置かれたさまざまな物体に当たって投影される時、本源影の中心近くの前方に眼を置くならば、その投影〔像〕は丸く見えるだろう――

球形の投影体と太陽の間に同じ性質の投影体を置くならば、円形の混合影が生じるだろう――

数多くの投影体を、ほとんど接触するばかりの近さに並べ、明るい背景のもとで遠方から眺めると、それらは大きな間隔をおいて並んでいるように見えるだろう。

同じ不完全な暗さを持つ陰影線どうしが一緒に混じり合うと、その暗さの量を二倍にするだろう。二倍の量が二倍の能力から生じるのは当然のことである。したがって、二つの不完全なものから一つの完全なものができるのである――

（『パリ手稿C』紙葉12裏と紙葉14表）

遠近法の三つの性質について――遠近法の三つの性質とはどういうものであるか。第一は縮小の理法に関するもので、眼から遠ざかってゆく対象を縮小遠近法という。第二の性質は眼から遠ざかってゆく色彩の変化する方法をば意味する。第三にして最後のものはいかに対象が遠ざかれば遠ざかるだけぼやけねばならぬかという証明に関するものである。以上の名称は、線的遠近法、色彩遠近法、消失遠近法とでも言おうか。

（『手記 上』「『絵の本』から」二二五頁）

空気遠近法について――このほかに私が空気遠近法と称するもう一種の遠近法が存在する。何故かならば一線上に並んでいるように見える種々の建物の相異る距離が空気の変化によって識別できるからである。ちょうど一つの壁の向う側にある多数の建物を見る場合にそうであるように。その建物群はいずれもその壁越しでは同じ大きさに見えているが、君が一つを他より遠く見えさせるように絵の中に描きたいとすれば、大気をいくぶん濃厚に描かねばなるまい。

（同前、二二五～二二六頁）

三番目の文章が、遠近法の新たな定式化と呼ばれるものである。遠くなれば、線が縮小するという線遠近法は、建築家のブルネレスキにはっきりと出てくる。色彩遠近法では、遠ざかるにつれて淡い色合いを帯びてくることである。ぼかし遠近は、ダ・ヴィンチの絵でははっきりと「遠近法」として確立されたもので、遠景は大まかな輪郭としてしか捉えられず、近景は密に詳細なキメをもっていることである。絵の中では、遠くの山は大まかな線で描かれ、手前の人物や物は詳細に描かれている。描く線の混み合い方に落差がある。

また別の箇所で示されているように、光と物の間に煙を置くようなやり方は、間に置かれた「もや」「かすみ」「曇り」でも同じように実験してみることができ、一般的には「媒体」の効果と呼ばれるものである。媒体によっては、新たな色彩の出現を導くことができる。これらは色彩についての「実験現象学」を作り出す。実際に後にゲーテがそれを『色彩論』で実行した。

動きを描く

動きを見るさいに、ダ・ヴィンチは規則性を求めようとはしない。視覚像としてくっきりした場面を描けるようにすることが、そのものの本性的な在り方に届くように場面を切り取ることを繰り返している。活用しているのは、動きの中での物と周囲との働き合いである。そのためおよそ人間の眼では見えるとは思えないものをくっきりと見ている。しかも厄介なことに、ダ・ヴィンチの記述に沿って見ることを学べば、見えるようになるということではない。またアナロジーで動きを接続するある種の発見法も活用される。ミクロコスモスとマクロコスモスの同型性は、外延的で概念的なフレームのことではなく、多くの場面で出現するアナロジー的同型性である。大いなる連鎖の中で、「運動の連鎖」を活用し、この連鎖のモードが多くの領域で同型性を備えている。なぜ物の動きには「同型性」が見えるのか。これは眼そのものの本能であり、眼が眼であることの遺伝子でもある。アナロジーは、それ以上に理由付けが利かない。アナロジーで活用される類比の連鎖は、出発点もなければ、行く先もない現実性の基本的な成り立ちである。

水がわずかな運動で水面のわずか下に空気を押込むと、空気はひとりであまり急激にでなく沈められるが、その空気と等しい重さの水を身にまとうて水面に帰って来、水の上に半球形をなして止まる（水泡（ソナリオ））。しかしもしかかる空気が急激に沈められるとしたら、それは急激に水の外にもどるが、水中でおこなわれる運動の距離に比例して自分の重さに圧されて水の外へ躍り出し、急激に水面を破って、飛沫を生む(後略)。

(『手記 下』九九頁)

空中を降下する水滴の各側面は水滴の運動と反対に運動して、各末端からその上部の中心に向う円形で、連続的な波をつくりだす。こういう波は周辺の中心に打ちかえさないで、その円の中心に沈んで底深く入り、下側から出て、さきにそこから降ったところ、すなわちもっとも高い個所にふたたびたちかえり、ここであらためて円形の波を再び生じて、あらためてその中心に沈むのである。

(同前、一〇九頁)

大きな水流の真中に生じる渦巻は往々ひじょうにたくさんあるが、流れの終りに近づけば近づくほど大きくなる、それは逆流する水塊が、一番速い流れの中に衝撃をあたえたのちに、その水塊によって水面につくりだされるのである。

(同前、一二四頁)

自己の重さに従う自然の流れとは反対に水脈を通して水を動かすところの原因こそ、あらゆる種属の生物体の中のあらゆる水液に同じ作用を起さすものなのである。ちょうど低い血が高く昇って額の傷から滴り落ちるように、海のどん底から山のてっぺんに昇り、そこでじぶん〔水〕の水脈の傷口を見出し、そこを流れて、低い海へと、もどるのである。

(同前、一〇三〜一〇四頁)

これらの文章で描かれていることは、水の動きの細部であり、しかもどのように丹念に水の動きを見続けようと、見えてこないような局面まで描かれている。ダ・ヴィンチが「動き」そのものをイメージ化している可能性が高い。あるいは絵をうまく描くようになるためには、その程度の詳細さで「見る」ことの訓練を積みなさい、というメッセージなのかもしれない。およそ近代科学的なまなざしとは異なる位置で実行されている観察である。基本的には運動感とイメージで織り上げられた描写である。

近代科学

こうした手法と近代科学との違いを対比的に考えてみる。たとえば後にベルヌーイによって「流体力学」が定式化されるが、運動・位置・圧力・内部エネルギーの四変数で、保存という発想のもとで定式化されている。「圧力が上がれば速度は低下し、圧力が下がれば速度はあがる」というような、変数間の関数を定式したものである。関数的関係は、関係そのもの（関数）と、個々の個別変数で作られており、個別変数に特定の値を入れると特定事態が表記され、関数（普遍）と特殊（割り当て）の関係を示している。ダ・ヴィンチの記述は、この点で見れば、個々の断片の系列を示しており、近代科学とは異なる定式化の仕方になっている。

変数の抽出に、近代科学の仕組みが凝縮している。変数そのものは、ある種の極限化、理念化によってはじめて抽出できる。測定をつうじて何かを測る。測られている当のものは、つねに断片であり、一面である。そこで極限化をつうじて変数一般や変数そのものを取り出すのである。ガリレオやデカルトにはっきりと示されるこうした「極限化の手続き」は、現実の中に理念を取り出すやり方である。

極限が現実の中にある。最もはっきりとしたかたちで出てくるのが、「時間」と「空間」である。いっさいの運動と独立の時間は、一つの理念的な極限であり、いっさいの物とは独立の空間も、一つの理念的な極限である。

実際には、そうした時間や空間は存在しない。だが理念的な純粋形として取り出すことはできる。取り出された理念を座標軸のようにあらかじめ張り出しておけば、出発点に枠を設定することができる。外側の枠の設定は、デカルトの開発した「解析幾何学」（X－Y座標）で、詳細に扱うことができる。

理念化とともに、理念的に取り出された座標軸は、測定によって個々の値を指定することができる。理念的に取り出された座標軸は、測定科学と一つになって近代科学の基本形を形成している。今日では、こうした座標軸の張り出しが自明のことになっているので、何が基本的な変数なのかを問うていくのである。その変数こそ、測定に適い、数量化可能なものである。

たとえば水の運動で見れば、圧力は単独の変数であるかどうかは微妙な問題である。だが測定値として変数の値を取り出すことができれば、固有変数となる。こんな仕方で変数を取り出すことができれば、さらに変数間の関係として、関数を設定することができる。近代科学は、極限化による変数の設定、測定による変数の数値的割り当て、数学的関数との整合化で成り立っている。

ちなみに後にアインシュタインによって、いっさいの運動とは独立の時間軸や、いっさいの質料（物）とは独立の空間軸は、成立しないことが明らかにされる。極限化によって物事の根拠として設定された時間や空間は、実は単独では成立していないことが明らかになった。精確に、かつ端的に言えば、「根拠はそれ単独では存在しない」。

それでも理念化をつうじて関数的、関係的世界像が取り出される。こうした関数的世界把握には、多くの利点があった。それは、個々の事実の寄せ集めから一般的法則を導くとする「帰納の原理」の欠陥を補う点にある。

帰納原理とは、たとえば「リンゴ」の本性を知ろうとすれば、世界中から各種リンゴを集めてきて、共通の性質を本性として取り出すような場面に見られる。共通の性質は多くのリンゴから抽出されるので、リンゴが多様化すればするほど、共通の性質は乏しくなる。最も普遍的な原理は、最も内容の少ないものになってしまう。これでは物事の認識として優れた手法ではない。

そこでまず味や臭いや色や光沢について変数を取り出し、個々のリンゴが変数の値として割り当てられるような変数としておく。変数間である明示的な関係が取り出されれば、この関係をリンゴの本性だとし、個々のリンゴは変数ごとに割り当てられた個別的な値を取るというように組み立てることができる。関数形式は、個別性とともに普遍性を表現する仕組みとなる。

新カント派で数学的認識を基礎として認識論を組み立てたマールヴルク学派のカッシーラーがそうした主張をしている。こうして関数的認識が、科学的探究の方向付けと同時に、近代科学の主要な認識ともなっていった。

他方、画家としてのダ・ヴィンチの行ったことは、動きの全貌が予期として感じ取れるように断片を切り出すことであった。そこには、次の局面ではどのような変化になるかが感じ取れるように断片を取り出すこと、次の局面に動きの別の局面が現われれば、持続的にそれを描いていく手続き的な予期を形成するように一つ一つを描くこと、手続き的予期の中でそれを裏切り、そこから外れていくような断片が生じた場合には、その変化が含まれるような断片を切り出すことが含まれている。

ちなみにベルクソンが、近代科学的な生命の記述への批判を行ったとき、生命の動きを時間軸で押さえて、そのつどの時間点での空間的な図柄が描写され、それを大量に重ねて早回しにすると、アニメーションの動きにしかならないという点を骨子にしている。そこから生命には、科学的な記述では捉えられないとする限界設定の議論を行っていた。テクニカルには、この議論には方向性の筋のまずさが含まれている。各描写の幅を十分に狭くしてデジタル的に記述すれば、どのような生命体でも生命らしく動いて見える。またアニメーションもアニメーションらしい動きがある。アニメーションの動きを生命的ではない、と言えるだけの理由は今日ではもはやない。アニメーションの方が変化率の大きさを過度に表現するために、むしろ生命的だとも言える。変化率の大きいものをさらに拡大し、小さなものを縮小する技法がアニメーションでは頻繁に活用される。ベルクソンの主張は、動きの固有性にどのようにして迫れるのかという課題設定だったのだが、そのことと時間空間形式とは、直接関連がない。アニメーションでも時間幅を十分に短くすれば、ビデオ・ライヴと同様の生命の動きは作ることができる。

ベルクソンの実際の言い分は、生命はそれぞれに固有の運動を行っており、時間、空間を指標にしたのでは、この固有性には届かないという主張である。この直観は、間違いなく正しい。たとえば歩行は左右の足を繰り返し交代させていく反復的な動作であり、動作の反復の中で固有の時間や固有の位相空間が形成されていくというのが実情である。

このことに関連して、二、三のことに触れておきたい。

第一に個体と典型的な動作との関連は、部分－全体関係そのものの生成する関係である。記号論的に言えば、換喩（メトニミー）ではない。いつも赤い帽子を被っている女の子を「赤頭巾」と呼ぶときには、部分で全体を指標している。これが換喩の典型例である。

生成し変貌する個体や、明確な輪郭をもって個体化することはない世界や神について、ある局面を切り取ろうとすると、その局面と全体との関連は換喩にはならない。こうした局面を切り取るためには、部分と全体との変動し続ける関連が見えていなければならない。そのとき全体は予期としてそのつど捉えられ、そのさなかで部分を切り取るために、部分－全体関係そのものが変化し続けることになる。こうした事態に対応する言語的な道具立ては、現時点では見当たらないというのが実情である。

このとき、その局面に働くのは「注意」であって、知覚ではない。知覚はすでに見えているものが何であるかを知る能力であり、それに対して、何かが見えるようになる実践的場面で働くのが注意である。注意は現実をそれとして成立させる。一挙に何かが見えてくるとき、その局面に注意が働いたのである。

ダ・ヴィンチが視覚の人であることはしばしば語られる。だがダ・ヴィンチに典型的なのは、変動する部分－全体の中で、そのつど予期された全体を最も際立たせる局面を探り当てる注意能力であり、実はこれが死後五〇〇年以上経過しても、いまだ継承できていない特異技能なのである。注意能力は、感じ取り、盗み、実際に自分で行ってみるしかない能力であり、通常の学習のように学ぶことはできない。

第二に、こうした中でダ・ヴィンチ特有の見え方をしたのが、運動である。たとえば馬の歩く姿をイメージしてみる。歩く動作には反復がある。その反復の中にも差異がある。現在ではこれは常識になっている。では反復する一つ一つの動作を取り出してみる。反復するものには、開始があり、動きの継続があり、終わりがあり、終わりと重なった次の始まりがある。この三要素は反復する動きの基本であり、そのまま物語の三要素である。

つまり動作をひとまとまりのものだと見ることに通常、慣れてしまっている。それが物語の働きである。しかし止まっているものが動きを開始すること、動き続けるものが動きの起伏をもち続けること、動いているものが止まることとは、動きの変化であって物語風の反復運動の記述ではない。すると、かりにひとまとまりに見える運動であっても、そこには連続した運動そのものの中に変化が含まれている。この動きの中の変化（一般には変化率＝強度）が、個々の個体性を最も際立せるように切り取るのである。これは簡単には数学的形式には落ちてこない。

変化率は、十分な時間をかければ測定可能になるが、変化率そのものは直接感じ取られる。それをドゥルーズが「強度性」の中心に据えた。すなわち変化率は、運動性の感覚のことであって、感覚はそれじたいで作動するさいに、この変化率につねに反応している。変化率を感じ取れば、誰であれ何かを行うように迫られる。だが強度を描くだけであれば、実はそれほど難しい課題ではない。ちなみにデュシャンの「処女から花嫁への移行」「急速な裸体たちによって横切られた王と王女」「階段を下りる裸体No.2」をこの順で見ていってほしい。強度の度合いがはっきりと感じ取れる。

しかしダ・ヴィンチの課題は別のところにあった。どの運動の変化の局面（変化率）を切り取れば、最も馬らしいのか。ここにダ・ヴィンチの注意が向いている。変化率と個体性との内的かかわりが問題になっている。英国ウィンザー城王室図書館所蔵のデッサン集を見る限り、馬の素描が最も多い。何度も何度もこの内的かかわりを探り当てようと、馬を描いている。ダ・ヴィンチの直面した課題は、強度性の感知の一歩先にある。強度が個体性と釣り合う局面を探り当てるような課題なのである。

これを一般的に言い直すと、馬の動きでは、動きそのものの全貌はそのつど変化し続けている。極端に言えば、馬は一歩ごとに異なる走りをしている。すると断片としてどこをどのように切り取るかによって、次の一歩の予期が変化してくる。部分の動きの変化と全貌の変化が連動している。

この連動を捕まえるためには、多くの断片を描いていくしかない。たとえばこの場面をさらに極端に示すためには、渦巻の出現を考えてみれば、渦巻の全体的運動はそのつど変化し、渦巻の姿はそのつど作られていく。それを変わりゆく全貌を予期させるように静止画像を描くのである。部分が変化することと全体の変化は連動し、

《躍動する馬》『ウィンザー手稿 第II巻』12358表／英国ウィンザー城王室図書館

その変化の予期が断片に含まれるように描いていく。

また人物を捉えるさいには、特定の表情を描くのではなく、表情の変化の一断片を描いている。それが精神の運動を捉えるさいの最も有効なやり方だと、ダ・ヴィンチは確信していた。実際、「岩窟の聖母」の女性の表情や、「モナ・リザ」の表情は、紛れのない強烈な印象をあたえるが、なんの表情なのかがよくわからない。いわくありげな不思議な表情だが、なんの表情なのかがわからないのである。だが間違いなく内面の蠢きは感じ取れる。

ミケランジェロの人物の表情は、多様だが定型の表情を描いている。典型的な表情であるため、実は劇画の表情に近いのである。つまりかたちとしての表情が描かれていることになる。ミケランジェロの人物は、典型的な表情はあるのに、情感の動きがない。どれも同じような顔に見える。ところがダ・ヴィンチの描く表情は、ことごとく異なっている。表情をかたちとしてではなく、運動として捉えているのである。

運動は、物とならび、第一次的な感覚直観である。運動が何であるかがわからなくてもそれとして感覚的に直観されている。わかる以前にすでに対応しているのが運動である。この対応は、基本的には身体運動とともにある。その対応を「見る」という行為に集約させた行為が、「鑑賞」である。そのため鑑賞には、多くの運動性の

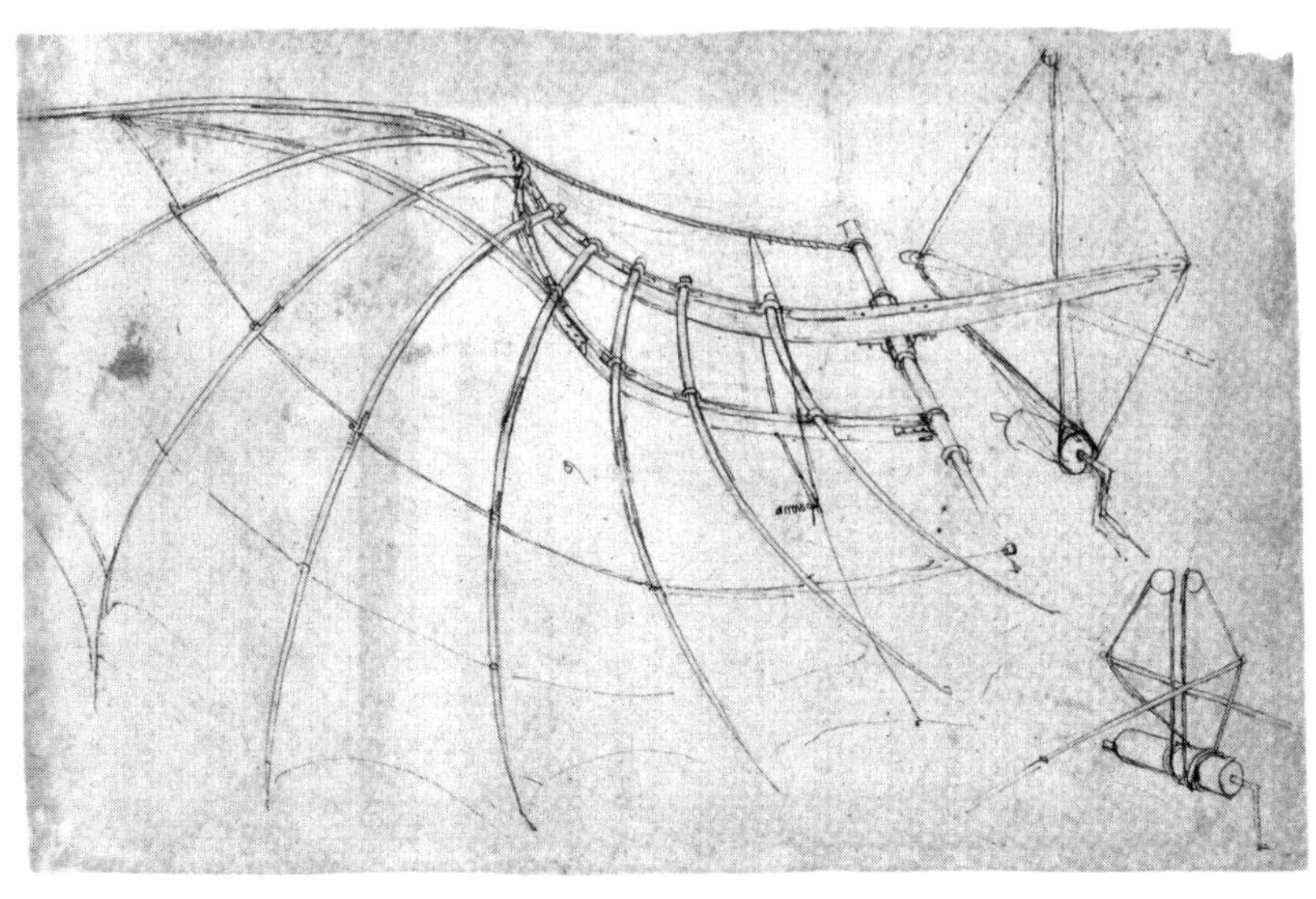

《翼機械のスケッチ》『アトランティコ手稿』紙葉858表／ミラノ、アムブロジアーナ図書館

感覚が浸透してしまう。ダ・ヴィンチはまさにそうした事態を描こうとしたのである。

ファンタスティックなイメージ像

動きの継続にダ・ヴィンチはこよなく関心を示した。あるいはそこにしか関心がなかった。『マドリッド手稿』では、多くの道具や機材を描いた。同時代にまだ無かったものも多くを描いている。そして実際に工房で一つ一つ試作してみた様子はなく、試作したというデータもない。とすると動きのイメージを喚起するものをデッサンとして、次々と描いてみたというのに近い。ダ・ヴィンチの図柄は、基本的にイメージ像である。しかも現物を見て描くよりもはるかに鮮明に描いている。

自然界の中に何かモデルケースを取り出し、それに変形をかけて、特定の像に作り上げていく手続きを踏んでいる。人間の知能の中から出てくるものは、範囲は相当に限定されている。人間は基本的には、自然界の辺境に存在しているが、辺境にあるものが辺境を拡大するだけに留まる必要もない。自然界にあるものから人間の知能とは異なるものを見いだし、それに変形をかけて、人間の世界を拡張していく。これが人間そのもの、人間の能力そのものを拡張することでもある。認識の可能性の拡張の条件の手続き的なやり方として、人間とは異なる能力を自然界に見いだし、それを人間の能力と接続可能にすることで、人間の環境そのものに多くの多様な知能を出現させていくことができる。これこそ「自然知能」である。

《回転式飛行機械（ヘリコプター）のスケッチとメモ》／パリ、フランス学士院図書館

上のデッサンはダ・ヴィンチ方式の「ドローン」だと考えてよい。類似したものを実際に制作することはできる。半円盤の羽を二つ重ねて、回転させて浮くようにする機械である。羽に傾斜と膨らみの変化を付けて、通り過ぎていく風を羽で回転運動に変え、この回転運動で上昇する構想だと思われる。回転運動で推進力を作る動物はいない。スクリューのような回転運動で尾鰭を回転させ、前に進む魚はいない。このダ・ヴィンチ式ドローンは、植物由来なのかとも思える。

タンポポのようなフワフワの花が、風に乗って回転運動しながらしばらくの間、大気中を飛んでいくことがある。そのイメージと直進運動するもの、たとえば

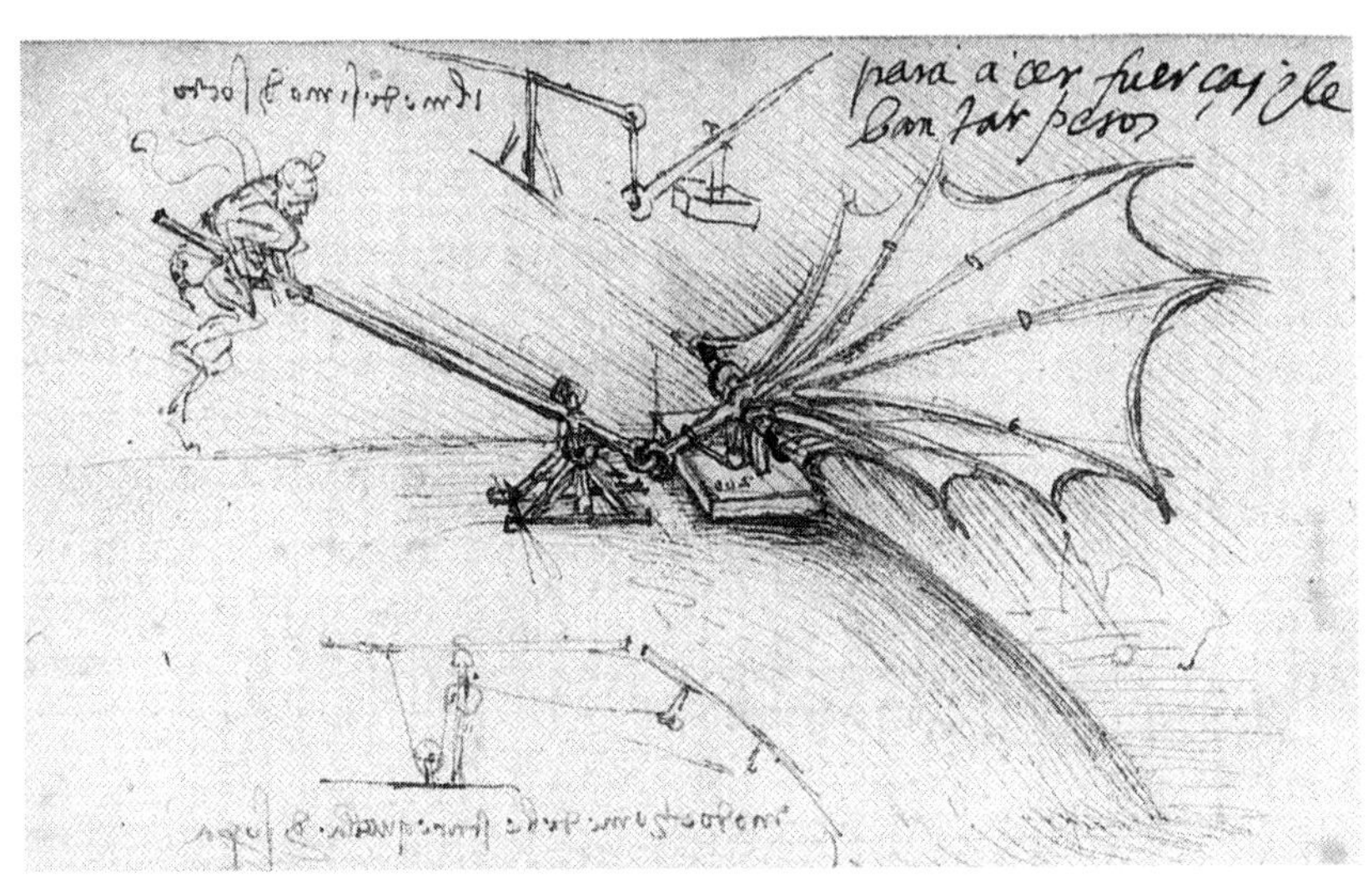

《翼の積載量に関するスケッチとノート》／パリ、フランス学士院図書館

回転運動に変換されるピストン式歯車があれば、こうした図柄までは到達できる。ただし当時の技術水準では、類似したドローンを制作しても、実際に飛び上がることは難しい。ドローン以前にはヘリコプターがこの仕事を担っていた。空を飛ぶという仕組みの中に回転運動を入れたアイディアとしておそらく人類最初期の構想だと思われる。

また大きな楓のような羽を作り、この羽をはばたかせることができれば、この羽じたいが宙を舞い飛んでいくようなものも描いている。羽をはばたかせるために、梃の原理を使い、反対方向で人間が竿を押さえにかかっているような図柄である。

漫画やアニメーションの中に出てきてもおかしくない図柄だが、この巨大な楓がひとたび舞い上がれば、いくつものやり方で人間をそれに結び付けて大気の中に引き上げることはできる。ただし滑らかに落下することは相当に難しい。現代的な飛行機でも同じ事情があり、大気中で速度をあげれば物体は持ち上がり、大気に浮くことはできるが、速度を緩めながらソフト・ランディングすることは容易ではない。

おそらくこうしたやり方でも、規則性と展開可能性を引き出すことができる。飛行機械の図柄をＡＩに記憶させて、系列を形成し、自由に組み合わせて次のデザインを作るプログラムにしておくと、ＡＩは自動的になんらかの図柄を作り出してくれる。それはＡＩが言葉を組み合わせて俳句を作ることに似ている。これは規則の別様の活用である。

また、たとえば数多く描かれている馬の動きの系列をＡＩ分析に掛け、ダ・ヴィンチに見えている馬の動きの特徴を取り出すこともできる。数学的な定式化とは異なる仕方での規則性は現在のＡＩの水準でも取り出すことができる。

ＡＩは、数学の計算でも人間の規則運用とは別のことを行っている。正しく結果を出すことと、オペレーションの仕組みとはまったく別のものである。数学的規則や言語的判断が、むしろ人間の能力を抑え込んでいる面が多々ある。それを捨てることがどうすることなのかもわからない。だが現実に数学や言語とは別のかたちでオペレーションを実行できる。その一つの事例をダ・ヴィンチが作り出してもいる。ある意味で、ダ・ヴィンチの膨大なデッサンはＡＩ的なのである。

たとえばダ・ヴィンチの描いた数十の馬の動きをＡＩに読み込ませ、そこからさらに次の動きを描かせてみる。途方もない動きは自動的に廃棄され、残ったものは馬の動きの系列として系列化する。この系列こそダ・ヴィンチ的な馬の動きの規則なのである。規則は数学的に定式化されることとは別の仕方で、現実化することができる。

ダ・ヴィンチは、近代科学へとつながる前史の一部を形成したというより、まったく異なる科学の方向へと踏み出していた、と考えた方が実情に近い。

4 エクササイズとしての経験

探究の方法論的な原理

見ることのエクササイズ＝規則の成り立ち

物を見るためには、訓練が必要である。眼を開けてみれば見えるようになるというのはありえないことである。人間の眼は見えるものしか見えない。とすると見えるようになるためには多くの訓練が必要になる。この見る訓練を兼ねた物事の在り方についての記述が、ダ・ヴィンチの繰り返し行ったことである。実益としては、絵を詳細に描くためには、見えることの範囲を拡張しておくことが必要であり、そこに物事と物事の運動の本性が含まれるように見ていくのである。

土煙は土であって重さを持つから、たとえ微細なために容易に舞い上がって、大気と混じり合うとしても、おのずと下の方に戻ろうとする傾向を持つ。その最も高く上昇した部分は、最も微細な土からなるので、その個所は最も見分けが付きにくく、ほとんど大気の色と同じく見えるだろう。空中で土煙と混じり合った硝煙は、ある程度の高さまで上昇すると、暗い雲のように見え、その煙の頂きは、土煙の頂きよりもはっきりと見えるだろう。硝煙は青味がかった色になり、土煙は土の色を帯びるだろう。光の射し込む側から見ると、この大気と硝煙と土煙の混じり合った煙は、その反対側から見るよりも、はるかに明るく見えるだろう。

（『絵画の書』一一九頁）

ここで活用されている要素は、土煙の重さ、大気との混合（硝煙の出現）、煙の頂点、硝煙の色と光である。こうしたやり方が科学的方法である。方法に従って見るものは、方法の枠内でしか物事が見えない。一般には、見ようとするとき、見えるものしか見ないというのはごく普通のことであり、注意は関心に応じてそのつど限定されている。

またこの動きは、到達する目的にも、開始の条件にも制約されない。ということは動きには、それ固有の「自然性」がある。そこには開始条件にも到達する帰結にも解消されないような「自然性」があることになる。この自然性は、見ようとすればそのつど注意の位置を変えていかなければならないことを意味する。

「土煙の下に戻ろうとする傾向」を「傾向的本性」として知ることが課されているのではなく、まさに上りながら落ちようとする動きを感じ取り、イメージすることが目指されている。ここでは科学的な説明を目指しているのではなく、動きのそれとしてあることを詳細に捉えようとしている。そのイメージは、部分的には「どのようにそれを描くか」に向けられている。画家であり続けることの延長上に自然観察があり、動きの「自然性」に届かせようとする事柄の本性の探究がある。

さらに「傾向」という語をそれとして実体化してはいけない。この語の内実は、運動の可能性を含んだ運動の方向性のことなのだから、語から実際の運動が見えてくるようになんらかの「プログラム」的なまなざしを形成する必要が生じる。

これはある意味では規則性の取り出しではあるが、そこで探究されようとしているのは「動きの規則性」であり、出発点の条件や帰結、あるいは外側に張り出した座標軸に沿う分析ではない。また言葉に含意された意味内容ではない。たとえ言葉が概念だとしても、概念によって事態が捉えられるわけではない。語とは、起きている運動の一つの指標なのである。この意味では、近代科学ともアリストテレス自然学とも大幅に異なる。

見かけ上、ダ・ヴィンチの記述では、しばしばアリストテレスの用語が用いられ、事象の解明も運動の起きる諸要素の関連を詳細に描くものであるようにも見える。だが動きの記述は、それじたい動く姿の記述であり、動かす原因や動きの結果に結びつけるようなものではない。動きはどこかに向かうわけでもなく、なんらかの動因によってもたらされたものでもない。また動きを外側に張り出された座標軸に映し出された指標で捉えるものではない。

動きはそれじたいで動きであり、その記述は慣性の法則を中心とした「近代科学」に似てくる。だからダ・ヴィンチの記述は、近代科学への移り行きを示す移行期にあると考えたくなる。多くの論者がそう言っている。一つの物事を関連する事象との連動で捉えるやり方は、アリストテレス的である。だからその点では、近代以前の手法を採用しているようにも見える。ここに解釈の陥穽がある。枠の中に配置して物事をわかろうとする最も怠惰で粗雑な解釈手法が、見え隠れしている。

ダ・ヴィンチの解明しようとした「規則」は、そもそも成り立ちを異にした規則性なのである。近代科学は、基本的には座標軸の科学である。座標軸が取り出せるという確信は、現実のさなかに極限事態を取り出すことで成り立っている。ダ・ヴィンチにはそうした発想がそもそもない。また目的や開始条件に合うように事象を切り取っていく意図もない。

いったいそれでは何を行っているのか。ダ・ヴィンチの中に「植物の動き」に関連した規則の取り出しがある。それは一一の命題に分けられている。ダ・ヴィンチの手稿の中では、例外的に草稿をまとめようとした記述でもある。

第一命題。どのような樹木のどのような枝でも、自分自身の重さに負けないかぎりは、一度たわんだ後、その先端を空の方に持ち上げる。

第二命題。樹木の枝先に生える若枝は、上の方に生えるものより、下の方に生えるものの方が大きくなる。

第三命題。樹木の中心部に向かって伸びるすべての若枝は、過剰な影のために短期間で枯れる。

第四命題。樹木の上端部の近くにある枝ほど、元気があって恵まれている。その原因は、大気と太陽にある。

第五命題。樹木の枝分かれは、親枝に対して互いに等しい角度をなす。

第六命題。だが、側方に伸びる枝は、年を経るにつれて、新しい枝分かれの角度が鈍角になる。

第七命題。枝分かれする枝が細かくなるほど、側方に伸びる枝は斜めになる。

第八命題。二股になった枝の太さを合わせると、その親枝の太さになる。

第九命題。幹から枝分かれするたびに、枝どうしが衝突しないようにと、枝は次第に斜めに曲がって行く。

第一〇命題。同じような太さで枝分かれして行く枝ほど、その曲がり方は斜めになる。
第一一命題。葉の付け根は、常にその枝の下に自らの痕跡を残す。樹木が年老いて樹皮がひび割れて剝落するまで、それは枝とともに成長する。
（『絵画の書』四九〇〜四九一頁）

この分析の仕方の中にダ・ヴィンチの固有性がよく出ている。総体としてこのまなざしが向かっているのは、精確に植物を描くために、植物らしさ、植物の本性らしさをともかくも捉えることである。ひとたび植物らしさを捉えれば、個々の植物の写生はその植物らしさが含まれるように固有性を描くことができる。

ここでは植物の枝の出方や枝形成一般の規則性を取り出そうとはしていない。むしろ枝の出方や枝の枝ぶりに細かく注意を向けていき、注意の焦点をずらしながら「注意点」と呼ぶべきものを書き連ねていくのである。この注意の向け方の移動が、ダ・ヴィンチの特徴なのである。そのため場合によっては、何度も同じようなことを描くという作業を倦むことなく続けることになる。注意の移動は、対象の全体的な輪郭が定まるまで続いている。

方法論的原理

その中に第八命題のような観察記録がこっそりと含まれてしまう。親枝から枝分かれした複数の枝の太さを比較すると、小枝の太さの総和は親枝の太さと同じになるという記述が行われている。親枝の太さと小枝の太さの総和が完全に同じになることはありえないのだが、力学で見られる比率配分が枝分かれでも起きているという観察記録である。量化可能な水準に規則性が見いだされている以上、近代科学的な定式化に類比させて配置的に受け取り、評価することもできる。だがおそらくダ・ヴィンチにはそうした思いも意図もなく、むしろ「連続性のもとでの配分」という発想から出ていると思われる。

こうした原理は、通常の科学法則とは異なる。直接、科学法則を示しているのでもない。量的な記述を行っており、近代の科学法則のような装いをもっているが、量の関係として事象を表わそうとしているのではない。量として記述するには、数値が割り当てられる座標軸が取り出される必要がある。座標軸そのものはある種の極限化、理念化を行わなければ、取り出すことができない。

いささか重複があるが述べておいたほうがよい。他に何もない「時間」や「空間」を、現実のさなかに取り出す操作が行われるのでなければ、本当のところ「量的」記述はできない。こういう極限化や理念化を、フッサールは『ヨーロッパ諸学の危機と超越論的現象学』で、「理念化」と呼んだ。そしてこのオペレーションを近代科学の最大の特徴だと指摘したのである。これは人類が開発した知的操作の中でも、最大のものの一つで、驚くほどの効果があった。

たとえば「圧」という変数を設定してみる。圧は一般的には動いているものの接点で及ぼし合う関係の一つの指標である。静止している状態は、均衡状態のことで、机の上に物が乗っている場合、物が机に及ぼす圧力と机が物に及ぼす圧力は等しく、釣り合っている。これが作用＝反作用の法則で、静止とは速度ゼロの運動であり、均衡状態にあることである。圧は運動し合う物体の運動速度や物の重さに関連するが、それでも「圧力」という変数を取り出すことはできる。こうした変数を取り出す作業が、理念化である。

そしてダ・ヴィンチの記述の中には、こうした理念化を経た様子はまったくない。変数を取り出し、そこに量的な配置をあたえるような手続きは、採用されていない。だから枝の面積の話も定性的な特徴の取り出しであり、見かけ上、量的な規則が取り出されているように見える場合でも、定性的な記述である。

それでもダ・ヴィンチの記述の中には、ある種の洞察は間違いなく含まれている。それは近代科学とは、性質の異なる規則性なのである。

統制原理

こうした規則性を、配置をあたえるように特徴付けるなら、これはカント的に言えば、探究を方向付ける「統制原理」である。そう特徴付けるのが最も据わりがよいように思われる。カントによれば統制原理は、実際の現実性の中で直接作動している原理ではない。つまり現実を構成する必要条件となる原理ではない。むしろまなざしや注意を方向付け、後の探究の視野を開いていくための方法的な原理である。そのためカントでは、「構成原理」に対置されて、「統制原理」だと呼ばれている。この延長上で言えば、おそらくダ・ヴィンチの行ったことは、こうした統制原理をそれぞれの領域で見いだしていくことだった。

統制原理にも多くのレベル差がある。たとえば「自然は無駄をしない」（アリストテレス）という命題も統制原理だが、抽象度がとても高い。あらゆる領域に当てはまっていると感じられるような原理であり、また例外もたくさんありそうな原理である。

遺伝子（DNA）は進化論的な継承の中で受け継がれてきたものであり、何に使われているかが実際よくわからないものがたくさんある。ゲノムの中のDNAの量で見ると、両生類あたりが最大のDNAが含まれており、それ以降、DNAの総量が増えているわけではない。遺伝的情報だけではなく、遺伝子のオペレーションや全体の維持に関与しているDNAもゲノムの中には含まれており、場合によっては何の役に立っているのかわからないようなDNAもある。そのため植物、動物ではすでに「遺伝子編集」の作業はかなり広範に行われている。DN

Aの中にはかなり多くの「無駄」があると考えてよい。

またDNAから情報を受け取り、タンパク質を合成したとき、実はかなり多くのタンパク質は使い物にならず誤ったタンパク質であることが判明している。合成された二割から三割のタンパク質はまがい物であるというデータもある。自然界は、無駄に満ち溢れている、というのも紛れもない事実なのである。それでも「自然は無駄をしない」という原理は、原理として維持される。たとえばまがい物のタンパク質ができたとき、それらを再度分解して再活用する仕組みがあるに違いない、という発想そのものは次の局面で新たな問いに導き、新たな探究課題を開いてくれるからである。

「自然は無駄をしない」という原理の力学版が、最小作用の原理である。たとえば光が異なる媒質(空気から水のように)を通過するさいには、最短時間で進むように光は界面で屈折する。

そしてこうした事情から、ダ・ヴィンチの記述は、時として近代科学的な法則の姿に近い記述を生んでおり、繰り返しそうした指摘が行われてきた理由にもなっている。つまりダ・ヴィンチは一〇〇年早すぎた科学の発見者だった、と言いたくなる部分が多々見られるのである。

ところが詳細に見ると、やはり近代科学的な定式化とはかなり性格が異なる。するとこの点でも近代科学とは異なる作業をダ・ヴィンチは実行していたと考えた方が実情に近い。統制原理としての「連続性のもとでの配分」は、実は人体の解剖図でも何度も活用されており、ダ・ヴィンチの描いた解剖図は、人の身体にしてはしばしばあまりにも整いすぎているのである。左右バランスも整いすぎており、頭蓋骨も整った頭蓋骨が描かれている。解剖図に含まれる「性交」図も、男女のバランスが良すぎる。このことは絵画にも適応されており、髭だらけのダ・ヴィンチ自身の自画像と「モナ・リザ」の顔の比率的な輪郭がそっくりだという分析もなされた。見え姿は異なろうとも、配分されたものの比率はそれとして維持されているという直観的な確信がある。

ダ・ヴィンチの活用した「統制原理」は、物事に注意を向け、さらに詳細なまなざしを向けていくための手掛かりとなる指針であった。そして時としてそれは、記述した事柄の証明にも活用されている。

こうした統制原理はダ・ヴィンチ自身が明示的に示さないかたちで、実際に活用されていることがわかる。その中には、「動きの相関的連動」のような原理もある。

これは『鳥の飛翔に関する手稿』ではっきりと出てくる。鳥が上昇したり、下降したりするさいに、翼や頭部や尾がどのように連動しながら動いていくかを細かく観察しようとしている。鳥個体と風の関係の中で飛翔という動作を取り出すのである。空気の動きをどのように鳥が活用し、動きのかたちを変えるさいには、鳥の全身の中のどの部分がどのように連動するかに、ダ・ヴィンチの注意が向いている。

> だが、風が右翼ないし左翼の側から鳥を打つならば、鳥はその風に打たれる翼の先端を、風の下か上に入れる必要がある。その移動の幅は、翼の先端部の厚さと同じ程度でよい。この移動が風の下になされるならば、鳥は嘴を風の方に向けるし、風の上になされるならば、鳥は尾をその風の方に向けるだろう。そしてこの時、鳥の体が裏返しになる危険が生じるが、自然は鳥の体重が両翼の広がる位置より低くなるようにして、それを防いでいる。
>
> （『鳥の飛翔に関する手稿』四九頁）
>
> 尾は……種類の運動をする。ある場合は水平であり、この状態の時、鳥は水平に進む。ある場合はその両端を等しく下げている。これは鳥が上昇する時である。ある場合はその両端を等しく上げ

ている。これは鳥の下降の時に生じる。だが尾が下げられ、その左側が右側より低くなっている時には、鳥は右側に旋回しながら上昇するだろう。この証明はここではしない。そして下げた尾の右端が左端より低いならば、鳥は左側に旋回するだろう。そしてもし上げた尾の両端のうち左側が右側より高いならば、鳥の頭は右側に回るだろう。更にもし上げた尾の両端のうち右の部分が左の部分より高くなるとすれば、鳥は左側に旋回するだろう。
（同前、七一頁）

いずれもダ・ヴィンチの観察の特質がよく出ている。おそらくよほど遅く飛ぶ鳥を見て描いたか、そもそも見えないものを見て力学的に可能な観察を行ったかである。遅く飛ぶ鳥の代表が、ただ浮かんでいる鳥のことだが、空気の揚力を受けて浮いたままであるという着想はダ・ヴィンチにはない。空中で揚力を受けて静止している現象は、不思議な運動である。ダ・ヴィンチも見ていたはずなのだが、それが飛ぶことの基本形の一つだとは考えていなかったのだと思える。自然状態とは動きの中での各部位の相関的連動のことであり、そこに最大の利点がある。

また歯車と歯車の連動や歯車とピストンとの連動は、ダ・ヴィンチが夥しく描いたものの一つであり、さまざまなかたちで数年に一度は復元モデルが作られている。螺旋的なネジ巻きのように限りなくイメージを喚起するものも描いている。螺旋階段のようにネジが上昇していくのである。これが何に活用されるのかはわからない。だがここでもダ・ヴィンチに見えているものは、相当に異なっている。

［車の歯車について］
歯車は、ピニオン（引用者注：動かされる側の小歯車）を回転させるに当って、一様な力で働き続けるのではない。というのは、歯の底部でピニオンの歯の先端部に力を与えることもあれば歯の先端部でピニオンの歯の底部に力を与えることもあるからである。この故に、歯車の力は、その中心からさまざまに異なった距離において働きかけるので、その力はさまざまな効力で働きかけることになる。このために、時計の歩みは、歯車が完全に作動した場合でも、等速運動とはならないはずである。
（『マドリッド手稿Ⅰ』紙葉1裏）

歯車と小さな歯車が接触するさいには、平均的、要約的に見れば、一定の運動が伝えられる。歯車の精度を上げれば、運動の伝達は少ない振れ幅で実行される。だが歯車の精度を上げても、さまざまな接点で生じる運動の伝達では、強く伝わることもあれば、弱くしか伝わらないこともある。それは歯車の歯の面と面が接点のどこで最も強く接触するかが、いくぶんかそのつど異なるからである。運動の伝達は、大きくなることもあれば、小さくなることもある。だが平均値を取れば、ほぼ一様な動きをしている。この平均値の手前の小さな振れ幅のことを述べている。「運動の伝達は平均からつねにずれることを含んで行われる」という事態が、捉えられていることになる。

これは歯車の技術的な改良を方向付けるとともに、運動の伝達にはそもそも一様性から外れるような可能性が内在していることも含まれている。現代的に言えば、運動の伝達には「ゆらぎ」が含まれていることになる。そして運動が、そのつど非規則的に振れ幅をもって変化しながら動きを継続していく場合には、「カオス運動」となる。

おそらくダ・ヴィンチの記述の関心は、「永久運動」が不可能であることの理由付けの一つだと考えていたのだと思われる。永久運動の不可能さの裏面が、運動そのものの内在的な多様性である。

おそらくダ・ヴィンチの残した膨大な手稿には、こうした方法的な原理が多数含まれており、時代を経て、そのつど新たな局面で読み直してみると、別様な原理がこっそりと書き込まれていたことに気づくことになるような手稿群なのである。

職人の技能は、何よりも創り出すこと（制作）に向かっており、より新たな現実を出現させる方向に向かっている。そしてどこを改良すればよいのか（実践的調整）への関心に方向付けられてもいる。その副産物として、時として科学法則に類似した記述も書き残されている。

制作（美）、実践的調整（善）、正しい規則（真）というこの配置は、アリストテレスによって定式化された真善美という二〇〇〇年以上にわたって続く知の配置を逆転させた。そして美善真という並びへと再配置するものだったのである。

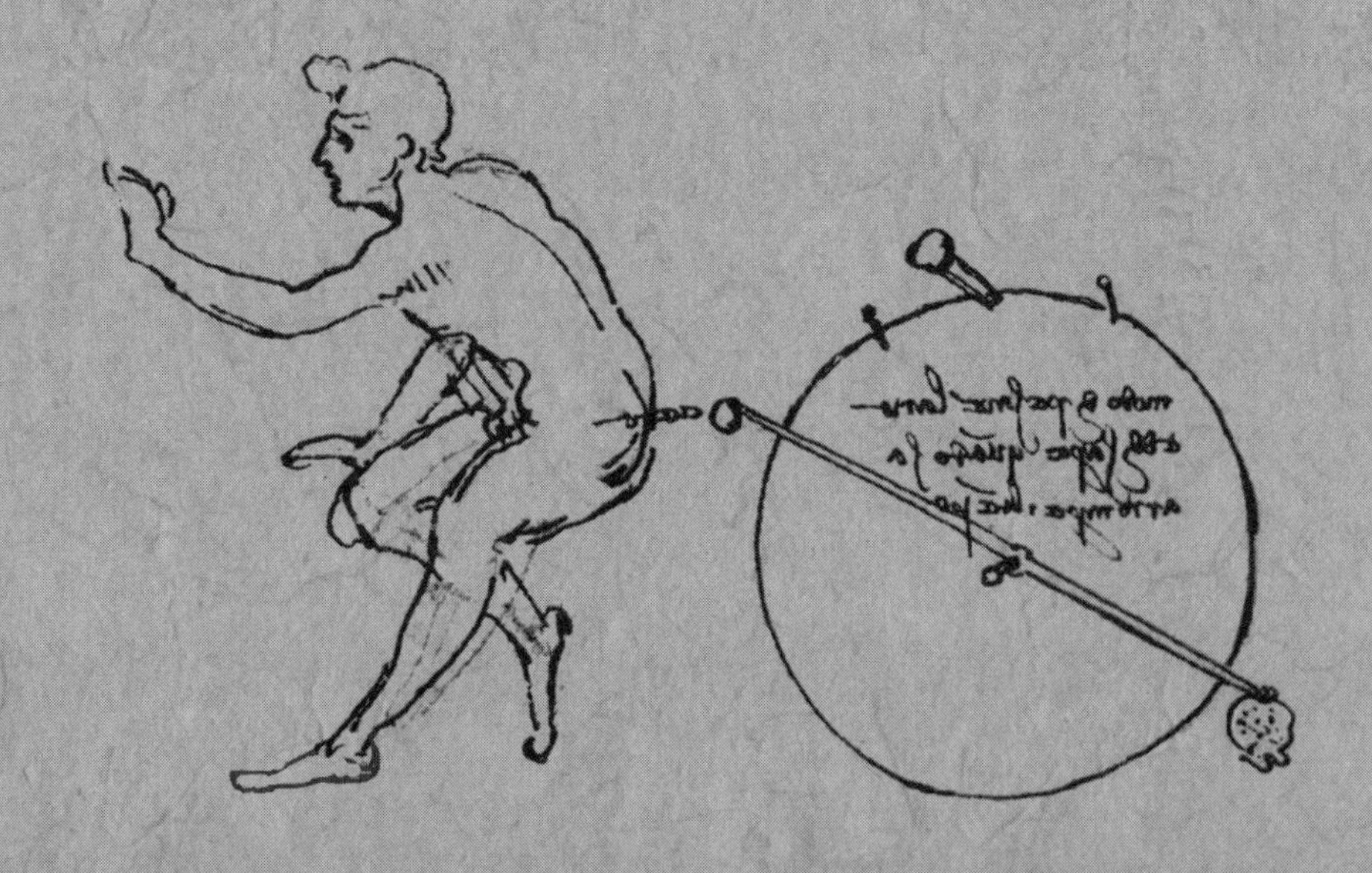

第Ⅱ章

生成するダ・ヴィンチ

——主要手稿（一四七五～一五一九年）から

ダ・ヴィンチが巨大な著作群の構想に取り掛かる作業を開始した頃から、少しずつだがかたちを取り始め、時として数奇な運命をたどりながら書き残された巨大な草稿群がある。青年期の夢のような大きな構想から、少しずつだがかたちを取って進行している。ダ・ヴィンチは三〇代になって、文字と絵による構想の記述を行う計画を立てて、断片を収集して下準備をし、それらを配置する作業を進めている。

最初期の草稿群には、後の展開の基層となる資質と呼ぶべきものがくっきりと姿を現わしている。どこに注意が向きやすいのか、ダ・ヴィンチの関心はどこに焦点をもつのか、作業の幅はどのようなモードか、思考の癖と言ってよいようなおのずと進行する試行モードはどのようなものか等々の特質がよく出てくるのも、こうした初期草稿である。年齢的には、ダ・ヴィンチにとって、自分をともかくも売り出していくための要素が含まれている。

多くの著作を書き著わす計画をもっていたにもかかわらず、それらは言葉を軸に書かれるようなものではなかった。先述のとおり、ダ・ヴィンチが残した草稿群は、およそ人文学的な散文による物事の記述ではない。ダ・ヴィンチはかなり多くの本を読んでいたが、人文学的な本の読み方ではない。先行する世代で、万学に関心をもっていたアルベルティの文章は、人文学の本である。構想を述べるとき、読み物としても順を追って読めるように書かれている。ダ・ヴィンチは、徒弟修業時代にアルベルティの構想に触れ、先行するアルベルティの本を読んでもいる。だがダ・ヴィンチの手稿には、そうした人文学的な傾向はほとんど見られない。筋立てがあり、経験の進行とともに理解が進むような組み立てではない。

端的に言えば、ダ・ヴィンチの思考は、ことごとく「断片」なのである。この断片性は、おそらく本来的なものので、かなり晩年に時間を取り、草稿を整理して文章化しても、消えていくような断片性ではなかった。だが、やがて整理され論述されるための「ノート」して書き残されたものではない。

図柄、デザイン、絵を中心とした表現に、補足説明として文章を傍らに書き足して成立している場合も多々ある。紙葉の面を割り振り、いくつかの図を書き込み、解説文が、紙面がバランスを取るように埋められているものもある。現代的には紙面の割り振りをしているのである。

ダ・ヴィンチのこうした表記は、代数学的な表記はいまだほとんど成立していない時期のものだから、たとえば現代の漫画で学ぶ理工学書の類でもない。かりに著作が成立した場合でも、多くのアイディアを込めた図柄や絵に、覚書のように文章が付いている。漫画で読む理工学書では、ほとんどの場合、すでに明らかになっていることを、絵で解説したものである。

だがダ・ヴィンチは、自分の眼で見えていることをどこまでも精確に書き出そうとしている。それがデッサンである。そしてそれと隣接し補完するように、別系列の膨大な文章を書いたのである。デッサンと言葉の二重の表記が、ダ・ヴィンチの基本的なやり方である。

ダ・ヴィンチの記述は、人文学書にも理工学書にも芸術論にも収まらない。人文と理工を合体させたというのとも違う。あえて言えば、「多型自然学」「マトリックス自然学」あるいは「リゾーム自然学」というような体裁を取っている。リゾームとは、共通の根のない灌木のまとまりのようなものである。ここには通底する共通の基本的原則、基底的な原理のようなものはない。ただし各領域で前に進み続けるための「手続き的経験」の特質は共通したものがある。

ダ・ヴィンチの個人的な思いとしては、当時ただの職人の手作業に位置付けられていた絵画を、音楽と同じレベルの学問として作り上げること、解剖学のように人間の構造的な作りを徹底的に調べ上げること（実際にダ・ヴィンチ自身が費やした時間から見て「解剖学」に一番多くの労力を投入することになった）、また多く道具や機械をデザインすることのように、それぞれ最も興味の向いたところに多面的、多層的に進んでいった。

手稿を順に見る限り、一つのテーマ領域を考えながら、同時に別のテーマ領域を考えるようなところがあった。たとえば歯車の機械的な動きを精確に捉えようとしながら、同時に渦巻の動きを想起して双方に新たなイメージの詳細さを作り出そうともしている。ダ・ヴィンチには、隣接領域でのアナロジー的なつながりを作り出すようなイメージ想起癖があり、それがいつも複眼的に作動するように経験を作り上げている。ダ・ヴィンチの経験は、「つねに多変数化、多重変数化する方向」で進行している。

この場合のダ・ヴィンチの記述は、論証的なものではない。何かを証明するように描かれているのではない。また事態を説明するためのものでもない。それまで自分自身にも見えていなかったものを繰り返し見えるようにしていくというのが、そこでの作業である。ダ・ヴィンチはつねに発見的であろうとしているが、それが事柄として何であるのかについて確定記述を求めるように思考は進んでいない。説明や論証にはほとんど力点が置かれていない。

ダ・ヴィンチの構想の進行を見るために、典型的な記述を取り出してみる。もとよりダ・ヴィンチの残した全草稿を網羅的に扱うことはできないし、またそれはここで可能な作業でもない。というのも現在知られている範囲で見ても、ダ・ヴィンチの草稿は、現存する手稿の三〜四倍は失われてしまったと言われており、場合によってはその失われた草稿がなお発見される可能性もある。だがそうだとしても現在利用できる資料から、ダ・ヴィンチ的科学の基本的な特質は取り出すことができる。

しかし現存する手稿の範囲で見ても、さまざまなかたちで後の草稿所有者による編集が行われていて、イギリスのウィンザー城王室図書館にある手稿は、『アトランティコ手稿』から、テーマごとに編集されたものである。

そのためかなり入り組んだこうした編集の歴史的履歴にかかわることは、編集の細かな組み立てが詳細すぎることもあり、また不明な部分が多すぎて扱いにくい。

そこでダ・ヴィンチ自身の資質がよく出て、しかも構想の内実がクリアーになるような手稿の選択を行い、それを点と線で結ぶことで、ダ・ヴィンチの構想の輪郭を明らかにしていきたいと考えている。

なお各種手稿群は、以下のような成り立ちになっている。

［手稿群］

『ウィンザー手稿』（一四七五〜一五一八年）馬、植物の素描、人体解剖図
『アトランティコ手稿』（一四七八〜一五一八年）総合雑記帳
『アランデル手稿』（一四八〇〜一五一八年）〔大英図書館所蔵〕
『解剖手稿』（一四八五〜一五一五年）
『トリヴルツィオ手稿』（一四八七〜九一年）ラテン語の私家版の単語集
『パリ手稿B』〔アッシュバーナム手稿Ⅰを含む〕（一四八七〜九一年）
『フォースター手稿』（一四八七〜九一年）
『パリ手稿C』（一四九〇〜九二年）
『パリ手稿A』〔アッシュバーナム手稿Ⅱを含む〕（一四九二年）
『マドリッド手稿Ⅱ』（一四九一〜九三年）
『フォースター手稿Ⅲ』（一四九三〜九四年）

『パリ手稿H』（一四九三〜九五年）
『マドリッド手稿I』（一四九三〜一五〇一年）
『パリ手稿M』（一四九五〜一五〇一年）
『パリ手稿L』（一四九七〜一五〇五年）
『パリ手稿K』（一五〇三〜〇六年）
『フォースター手稿I』（一五〇五〜〇六年）
『鳥の飛翔に関する手稿』（一五〇五年）
『レスター手稿』（一五〇五〜〇九年）〔一部はビル・ゲイツ所有〕
『パリ手稿D』（一五〇八〜〇九年）
『パリ手稿F』（一五〇八年）
『パリ手稿G』（一五一〇〜一六年）
『パリ手稿E』（一五一三〜一五年）

1　『トリヴルツィオ手稿』

一四八七～九一年
三五～三九歳

この手稿は、基本的には「単語帳」である。そこで書き出されている単語は、中世のラテン語文法書バルトリオその他から書き出されてきたものであることは、明らかになっている。この文法書以外からも、補足的に単語が集められている。数年にわたって「自分自身のための単語帳」を作ったのである。

文法書や辞書は、どのような言語を学ぶ場合でも不可欠のものである。使いやすい辞書を探し出し、辞書を片手にともかくも時間と労力をかけて読む。そのとき、自分自身がよく使い、自分で重要だと思い、自分のための単語を集めた単語帳を作ってみる。

これは学習の基本なのだが、ここまで実行するものはほとんどいない。使い勝手の良い一般的な辞書で賄ってしまうのである。それぞれの人が、「自分のための単語集」を作ることを考えてみてほしい。それがこの辞書である。

それ以外に、いくつか特徴のある記述が含まれている。要約せず、そのまま取り出してみる。

大砲の轟音は、炎がそれに抗する空気に激しい勢いでうちあたることによって生じる。このような効果を生み出すのは、大砲の筒の中にあって燃焼する火薬の嵩である。その膨張を許容する場所がないと感じるや、自然はその膨張を受け入れる場所を狂暴に捜し求めるよう仕向け、こうしてそれは妨げる力の弱い箇所を破壊ないし一掃して、広大な空気中に出る。ところが、火は空気より稀薄なために、空気は襲われたのと同じ速さで逃げることができない。その結果、火ほど稀薄でない空気は、火が襲うのと同じ速さと敏捷さでその場所を明け渡すことができず、そのために抵抗が生じる。そしてこの抵抗こそが、大砲の大きな爆音と轟音の原因なのである。ところで、大砲を烈風の襲い来る方に向けて発射する場合には、炎に対する空気の抵抗がいっそう大きくなるので、それだけ大きな轟音となって聞えるはずである。それに対して、風の線と同じ向きに発射する場合は、抵抗が小さくなるので、それだけ音も小さくなるだろう。沼沢地などの空気の濃密な場所での大砲の音は、山の上などの空気の稀薄な場所に比べて、近くではいっそう大きくなるが、あまり遠くまでは聞えないはずである。もし空気が一様に濃密か稀薄であり、風の動きもないならば、音はその起ったところの周囲で一様に聞え、水中に投げ込まれた石から生じる水の輪のように、いくつもの輪となって拡がって行くだろう。

（紙葉18裏）

空気は圧し詰められるが、水は不可能。したがって、空気を追いやる運動が、空気の逃走より速いときには、その動かし手に近い部分の空気ほど緻密になり、それゆえ、より抵抗が激しい。すなわち、空気に対して行われる運動が、その空気の逃走より速いときには、その動かし手は逆の動きを蒙ることになる。たとえば鳥類に見られるごとく、翼を動かすのと同じ速さで、すなわち、その動かし手の力が翼を動かすのと同じ速さで、翼の先端を下方に駆ることができないとすれば、翼の末端が下方に進まない分だけ鳥は上方に押し上げられるはずである。

（紙葉20表）

一方の記述は、大砲の音の出現の力学的な仕組みをモデル化しようとしており、もう一方ではたとえば地面にいた鳥が、大気中に浮かび上がる場面の仕組みを力学的にモデル化している。ある事態が起きることは事態そのものの出現であり、出現の仕組みを解明しようとしている。大砲の爆音は、そのつど出現するのであって、同じような爆音が数時間もしくは半日続くわけではない。

事象の出現のモデル化

モデル化しようとしているのは、事象の出現の場面であり、出現の場面は自然現象で見れば、不連続な変化が起きる仕組みである。出現（エマージェンス）とは、無から有が生じることではない。何もない空間の中に突如、岩が生まれ出るような創造のことではない。むしろ不連続な変化が、別の形態をもたらすようなものである。湿った空気の中からまとまった水滴がかたちを取るような不連続な変化である。ダ・ヴィンチの注意がここに向いている。

断続的にそのつど起き続ける事象を描くためには、変化の場面を切り取らなければならない。現代的には、微分方程式で表記されるような事態が起きているはずだが、そのつど一回限りの事象は、数式の当てはまるような場面の切り取りではない。一回限りだが、何度でも起こりうる事象である。ここに事象に固有のモデル化が働く。一回限りの事象は、いわばつねに「個性記述的」である。事象の出現は、およそ個体としてしか起きない。これはつねにあてはまる規則を求めるやり方とは異なる。法則定立的な科学の仕組みをやろうとはしていない。一般法則の一部として配置できるような普遍関数や変数の設定をやろうとしているのではない。

だが事象のそのつどの個体化は、モデル化することはできる。このモデル化には、法則定立的科学のように、事象を変数化する作業が含まれていることもある。大砲の爆音の場合には、「空気の圧縮」と「その抵抗」が取り出されている。こうした仕組みが、「近代科学」の先取りだと読み込まれる場面である。

近代科学的には、音とは空気の運動（振動）であり、抵抗によって空気そのものに出現する空気固有の運動である。振動する運動こそが、音の本体である。だが音の出現そのものには固有の仕組みがある。こうした場面に、ダ・ヴィンチの注意が強く向いている。

また鳥が地面から浮かび上がっていく場面も、事象の出現である。たとえば飛んでいる鳥が、方向を変えて上昇していくような、方向転換の場面ではなく、むしろ鳥の身体が持ち上がる場面である。純粋に力学で考えれば、相互作用の不均衡部分が物の運動につながっているはずであり、均衡逸脱が運動になるという仕組みである。

アリストテレス自然学

アリストテレスの場合、基本的には言葉に普遍性をもたせた「概念」を用意し、概念を用いた論証を行っている。これはせいぜい「概念的な論証科学」であって、そこで問題になっているのは概念間の関係であり、自然事象に固有の記述ではない。むしろ概念による自然の論理学である。

たとえば月より下の物体について、さまざまな概念対を設定する。それは「自然に従った運動」対「強制された運動」であり、「動かすもの」対「動かされるもの」であり、「運動」対「静止」であり、「可能的」対「現実的」

であり、「質料」対「形相」のような対となった概念の組み合わせで、論証的な分析をかけていくのである。

ここで問題になるのは、主として言語であり、自然界の多様な現象ではない。また無矛盾的であるとか、分析的に成立しうるという「論証的な正当化」であって、自然界の物理的仕組みが考案されているのではない。言語的論理と物理学は、相当に大きな隔たりがあるが、アリストテレスは物理学を可能な限り、言語的な論理で論証しようとしている。これはある意味で、「概念操作」なのである。言葉は、どこまでも人間の「言葉」である。そのため多くの人にとって、アリストテレスの論証は、不自然なほど力点がずれていると感じられ、また言葉に拘泥して煩瑣な論述を繰り返しているとも感じられる。

アリストテレスの自然学的探究の中心的な著作の一つである『自然学』にも、こうした傾向ははっきりと出てくる。たとえば植物が双葉を作り、やがて茎を伸ばして葉を作り替え、さらに花が咲き、実がなるような場面で考えてみる。こうした植物の成長を捉えるためには、どのようなことが必要条件になるかを、アリストテレスは同時代の議論を検討し、整理しながら明示している。

植物の個物には、素材となる質料、かたちをあたえていく形相、成長が向かっている方向を決める目的、さらに個々の成長をもたらす作用（光、水、温度その他）のような分析のための道具立てを明示している。ここで「質料因」「形相因」「作用因」「目的因」が取り出されていることになる。

また成長するものは、少なくとも二つの時間点での対比が成立していなければならない。たとえば双葉と後の花は、成長の時系列の二つの時点を占めている。そこでこの成長が花に向かうものだとすれば、花は双葉の「現実態」であり、双葉は花の可能態だと配置される。二つの時間点の関連付けの仕組みがなければ、成長や変化一般を語ることができないのだから、その関連付けの仕組みが、「可能態」と「現実態」との対概念となる。ともかくも起きている事態を記述し、論じていくための「概念的なパッケージ」を用意しているのが、この著作である。アリストテレスらしい強い思考力で、ともかくも議論を積み上げている。

ところがこれをやってしまうと、いくらでも奇妙なことが起こる。たとえば物の運動で、特定のところに向かっている運動ではなく、ただ転がっているような運動については以下のような記述となる。

> 可能態においてある或るものがその完全現実態においてあり現実的に活動しているとき、しかもその或るものそのものとしてではなしに動かされうるもの〔運動可能的なるもの〕としてそのように現実的に活動しているとき、こうした可能態においてあるものの完全現実態がすなわち運動なのである。
>
> （『自然学』第三巻第一章、八五頁）

素直に一読して、こうした記述は、すでに無理がかかっていると感じられる。記述のために準備された概念的パッケージが、運動という事象にあまり適合性がなく、外から無理に記述しているか、この概念的パッケージにさまざまな運動のモードに対応するための変数が足りていないか、あるいは用意された概念的パッケージが運動の別の側面に力点を置いてしまっているかのいずれかである。

アリストテレスのような概念的説明は、個々の現実を用意された根拠となる枠と抱き合わせにして記述することである。このとき根拠となる枠が、それ単独で成立しているかのような特権性をもち、それに合わせて配置をあたえるように論じるのである。それが無理やりな印象をあたえている。何よりもこうした記述では、現実の運動がどのように進行し、どのように多様化していくのかという探究の課題に、そもそも接点がない。ダ・ヴィンチがかりにこうしたアリストテレスの概念的、論証的な記述に触れる機会があったとしても、接点のないまま通り過ぎる以外にはないような議論の組み立てになっている。

ダ・ヴィンチの構想とアリストテレスの議論は、本当は小さな変更をかければ、十分に連動しながらやっていける局面がある。それはアリストテレスが、個物の認識のさいに取り出している、「質料－形相」の二つ一組の概念対にある。この概念対は、アリストテレスの仕組みの中でも、最も重要なものの一つである。質料は素材であり、形相は形である。個物の認識には、形の認定がつねにともなっている。だからアリストテレスは、個物の認識の最も標準形を取り出しているように見える。

だが個物の成立そのものに立ち入ってみると、まったく別のことが起きている。たとえば同じ素材を用いても、異なる形の建築物を作ることはできる。逆に異なる素材を用いても同じ建築物を作ることはできる。たしかにそうなのだが、これは質料と形相の間にマトリックス的な対応関係があるという指摘に留まっている。

むしろたとえば植物の葉に着目してみる。植物の葉には、明確な形がある。植物は、毎日水を循環させ、光を受けて、形を作り続けている。葉の形は、葉という活動態や運動の成果であり、形そのものが特定の運動のモードの成果であり結果なのである。とすればアリストテレスの「質料－形相」という概念対は、むしろ派生的なものである。おそらくダ・ヴィンチにしてみれば、「質料－運動」という概念対であれば、ダ・ヴィンチ自身の探究の最大の手掛かりになったと思われる。

一般に概念的な論証は、実体である物を主語にしたとき、どのような述語で物の性質が分析されるかを基本にしている。主語－述語形式が、ベースになっている。そのためかなり単純化された物事しか捉えることができないのである。

たとえば石のように自由落下するものは、自然本性的な運動だが、他の石がぶつかったときの運動は、強制された運動である。だが木の葉が落ちるとき、落下するときには自然的な運動になるが、風に吹かれて舞い上がれば強制された運動である。すると木の葉がひらひらと落ちるときには、空気の抵抗もあるので、自然的な運動と強制された運動が混ざり合っていることになる。だが自然的な運動と強制された運動をどのように組み合わせても、木の葉の落ち方の多様性には、おそらく到達できない。実際のところ言語的、概念的な分析の道具立てが、自然現象の多様さに釣り合っていないのである。

またある物体が他の物体に衝突して、他の物体を動かすとき、ある物体は、他の物体から反作用を受けているはずである。「動かすもの」と「動かされるもの」の区分は、言語的な能動－受動形式には適合的だが、物理的な作用関係としては、ほとんどありえないことである。相互作用のような事態を、主語－述語形式に押し込めることは、そもそも無理がある。というのも相互作用は、能動と受動が同時に成立している事態であり、この同時に成立している事態を言語的に表現することは、言語の仕組みにそもそも適っていない。物と物が衝突するとき、一方のものは、他を動かすと同時に、自分自身も動かされており、この両面を単形の文章（単文）で表すことは難しい。

物の重さは、物の本性的な性質であり、本性の度合いが大きい重いものは、軽いものより速く落ちると、アリストテレスは考えている。

実際、空気抵抗が反作用的に働く場合、重いものの方が軽いものより速く落ちることが多い。鉛筆と紙を落としてみれば、明らかに鉛筆の方が速く落ちる。ここでも物の本性分析が、拠り所となっている。だが頭陀袋風のひらひらした着物を着た人間と、小石を同時に落とせば、小石の方が速く落ちる。現代風に言えば、パラシュートを付けた大相撲の力士と、パチンコ玉を同時に落とせば、間違いなくパチンコ玉の方が速く落ちる。すると落下の速さは、物の重さという自然性で決まるものではなく、風圧や浮力との関係の中でしか決まらないことは、少し自然観察を詳細に行えばわかることである。概念分析の本性上、アリストテレス的な原理的考察は、事柄を過度に一般化しやすい。

さらに物の自然落下の原因は、アリストテレスの場合、物の「重さ」である。しかし少なくとも落下速度(加速度)の大きさの原因は、重さではない。このあたりが概念分析の限界なのである。落下運動そのものの原因は、重さである。あるいは重さは、自由落下の必要条件である。だが自由落下の速度には、重さは効いてこない。つまり重さは落下速度の原因にはならない。そうだとすると重さを「運動の原因」から外してしまわなければ、事象の基本形は見えてこないことになる。

アリストテレスの場合、ある高さの物体が地球の中心に向かって落下することは、物の自然本性である。しかしある高さの物体に向かって、地球そのものが上昇して物体に到達すると考えても同じことである。物の運動は、本性的に「相対運動」である。船が島に近づくとき、島が船に近づくと考えても同じことである。ある高さに重い物体と紙を設置して、そこに地球の方が「落ちてくる」と考えれば、地球は重い物体と紙に同時に落ちてくることになる。落下の速度(加速度)は、物の重さにはかかわりがなく、別の理由であることになる。

こうして自然落下と重さの意味を組み換えてしまわなければ、落下速度(加速度)の固有性に到達することはできない。運動の相対性(物に向かって地球が落ちる)を導入していくと、運動の原因という発想は、運動そのものの在り方に対して、筋違いになってしまう。運動の原因はあるのだが、運動がどのようであるかという問いにとっては、運動の原因は括弧の中に入ってしまう。こうして「運動の何故」を問うのではなく、「運動のいかに」を問う自然科学の仕組みが入ってくる。こうした場面にまで踏み出すには、ガリレオを待たなければならないのである。

生成消滅論で最も問題になるのは、新たな事物の出現である。アリストテレスは、変化をモードで分類しており、植物の成長に見られるような「量的増大」が、第一のモードであり、木の葉っぱの色変化や水が氷になるような「質変化」が、第二のモードである。第三のモードが「起滅」であり、出現や消滅というモードである。ただしこの第三のモードを考察する上では、無から何かが出現することは不可能であり、もう少し条件を絞らないと、出現の在り方をうまく自然事象から取り出せないようである。

水が氷になるような質変化では、可逆性がある。元の状態に戻せるのである。また葉っぱの色変化のように毎年同じ事柄が繰り返されるような事態も、周期性であって、出現ではない。そうなると出現は、ひとたび起きれば不可逆であり、出現をつうじて先行するものの状態が組み換えられ、再編されて、事態は不可逆となり、その事態は二度と起きないような変化が含まれていなければならない。たとえば生物の突然変異のようなものである。最低限、化学的な合成のようにひとたび新たな化合物が形成され、その化合物の再生産の仕組みが成立してしまった場合には、事態はもとに戻らないという場面が基本となる。だが再生産のプロセスに入ってしまえば、もはや出現ではない。

変化を考えるさいの道具立てが、アリストテレスの場合、かなり不足している印象を受ける。出現のような生成を考える場合でも、対比項目が狭すぎる。葉っぱの色が変わる質変化の場合、葉っぱそのものは同一のままで、色という属性的な性質の変化だけがある。基体は同じで性質だけが変わっている。

これに対して、生成消滅は、基体を含めて総体が変化するとアリストテレスは考えている。それは正しいのだけれども、あまりにもわずかなことしか語れていないのである。しかもこの設定では、出現のような生成と消滅を同じ論理的条件で考えている。普通に考えてみても、出現と消滅は、異なる事象であり、同じ仕組みで起きているとは考えにくい。

ダ・ヴィンチは、アリストテレスの議論の枠の中で、四元素説（土、水、空気、火）はほぼ継承しており、重さを運動にとっての要因であるとする点も継承している。ただしダ・ヴィンチにとって最も重要な事柄は、（一）物の直接的な相互作用の仕組み、（二）運動の継続の仕組み、（三）事象の出現の仕組みであり、概念的な分析に代えて、自然事象を徹底的に観察、記述することである。こうした事態の記述に、言葉や文章ではなく、デッサンを用いたのである。

この徹底的な観察は、後にベーコンが「帰納法」を導入したさいの個々の事実の認定の方法的要請から来るものではない。むしろデッサンをするさいに、言語以前の観察が欠くことのできないものであったことに由来する。ダ・ヴィンチの自然認識は、ダ・ヴィンチ自身が本性的な「デッサンの詩人」であったことに由来する。ダ・ヴィンチは見えない現実を見えるようにしていくような「デッサンの詩人」であった。それが自然観察という点で、意図せず、近代科学の先取りになってしまっている理由である。ダ・ヴィンチはガリレオやベーコンとは別の仕方で、近代科学の前線を用意したのである。

こうしてダ・ヴィンチの自然学が、アリストテレスの論証学とも近代科学とも、まったく別のものであることがはっきりしてきた。

2 『パリ手稿B』［アッシュバーナム手稿Iを含む］

一四八七～九一年
三五～三九歳

『パリ手稿』は、パリ国立図書館に所蔵されている手稿である。ナポレオンは戦いの勝利の後、周辺国にあったダ・ヴィンチの草稿をことごとく戦利品として持ち帰っている。収集には、略奪、購入、寄付受け取りのようなさまざまなルートがあるが、ともかくも戦利品の略奪をつうじて一時的にダ・ヴィンチの草稿はフランスに集まることになった。

ボナパルトの死後、多くの草稿は当初所有した国に返還されている。そうしてパリのフランス学士院図書館に残されているのが、この手稿であり、A～Mまでの記号が打たれている。手稿の中では、この『B手稿』が最も早い時期の草稿である。この次の『A手稿』には、左右反転した鏡文字が出てくる。

この『B手稿』では、武器や要塞や攻撃法についてのさまざまな覚書を作っている。城塞や建築についてのメモも見受けられる。また後半では、鳥の翼の実地研究を始めている。

こまごまとした武器については、以下のように網羅的に収集した跡が見られる。

弩（おおゆみ）、兵を妨げる障害物、城壁、投擲具、石、投げ槍、矢投げ機械、フロンバ（投擲具）、モスタッケ（矢）、ロンペア（火のついた木を飛ばす）、弓、撒きびし、鉄びし、鏨、投げ槍、ソリフェッレオ（石投機）、グランダ（鉛の小球）、アウクトーリ（鎌形武器）、デーン斧（長めの斧）、柄付き鎌、大型鎌、フラジリカ（弾丸、瀝青、硫黄、コルシカ球果を含む）、鎌付き馬車、ロンフィーラ（突起付き棒）、ルティーラとロカーチェ（鋭利先端付き棒）、アタメガンタ（平衡錘を備えた道具）、フランメア（火薬）、アストゥーラ、アルジッラ、クルシーダ、フランメア、ランパデ（いずれも類似した薬物）、フルゴレア（轟音を発する大砲）、アルキトロニート（砲筒）、アルキトロニート（銅製の武器）、アチナーチェ（短刀）、ダーガ（両刃の短剣）、グラーディオ（短剣）、スパーダ（剣）、アルペ（そり身の刃）、リングラ（鳥の舌の形の小刀）、マケーラ（尖鋭槍）、ストラーグレ（投擲用槍）、ドローニ（短剣を内蔵した鞭）、シッカ（小刀）、プジョーネ（二本の刃先をもつ短刀）、プジョーネ（刃の付いた長槍）、クルナーデ（刃の付いた長槍）、セチェスピータ（象牙の柄をもつ長い刀）、アクリデス（木製の長剣）、テーロ（投げることのできる武器の総称）、ヴェルート（幅の狭い武器）、フスティ（棒、杭）、バークロ（打擲用棒）、アステ（長槍）、アスティーリ（小振りの槍）、コンクティ（丈夫な槍）、ランチュア（槍）、ピーロ（投げ槍）、サリッサ（マケドニアの槍）、ガビーナ（狩猟用長槍）、トラーグラ（投げ槍）、クラーヴァ（棍棒）、ドラーブラ（両刃）、ビペンネ（両刃の斧）、クルーチェ（十字剣）、テーリコ（矢羽根）、フラジェッロ（鞭）、スキュティアのテーロ（先端を焦がした生木）、ガンチ（掛け具）、スプントン（槍）、シリーレ（長槍）、カリッフェ（長槍）、ミリーチデ（長槍）、マレオーリ（投げ槍）、マナーラ（大斧）、ヴィーペラ（矢の発射装置）、ストロクラーデ（大砲の弾、麻と魚膠でできている）、ブッフォニコ（槍

の先端に付けられる器具）、チルクムトロニート・チルクムフルゴーレ（海戦用の武器、複合的臼砲）

断続的に書き継がれたこの部分では、歴史書、民族書、伝聞その他から網羅的に武器の情報を取り出している様子がうかがわれる。ダ・ヴィンチには強い収集癖があり、「博物学の欲望」と呼ばれるような資質がある。ともかく関連しそうなものは飽くことなく、何でも無差別に収集する。その中で特段に注意が向き、関心を引くものについては、少し解説を付けておく。ここまでは現代日本語では、「オタク」と呼ばれるものと同じである。ともかくこれでもかとばかりに事物を収集する。

そうした事物の中から、さらに自分でデザインできそうなものの雛形を見いだし、自分でデザインするとどうなるかをつねに構想していく。博物学者の中には、動物の骨を集めて、およそ存在しない動物まで描いたものもいた。ダ・ヴィンチの場合には、アイディアを含めて、こうした武器があったら面白いというようなものを思い描いている。

武器や家具の中では、ダ・ヴィンチは、比較的「臭い」に関心をもっていた様子がうかがわれる。関心があるというよりも、それに人がどう反応するか面白がっているふうにも見える。図と名称の多い記述の中で、解説を交えて長めに書いている。

臭いは、一般には周辺にある潜在的な変数である。たとえば「モナ・リザ」の臭いはどのようなものか、「岩窟の聖母」の臭いはどのようなものか、と問うことができる。おそらく「淡い清潔な臭い」である。臭いは消えていく度合いに応じて、繊細さを帯びる。

それと同時に、この時期、都市計画についても多くの記述を残しており、病気の感染経路や伝染方法についても考察していた。不衛生を避け、人口の極端な集中を避けることを書き留めている。

もし君が悪臭をたてたいなら、人間の糞と尿、ポッタイア草(引用者注:特定不能)をとれ。もしそれらがなければ、チリメンキャベツと甜菜をとり、しっかりと栓をしたガラスの瓶にすべてを一緒に詰め、堆肥の中に一か月のあいだ埋める。それから、悪臭をたてたいところに、壊れるようにしてそれを投げつける。

(紙葉11表)

[清潔な厩舎を作るには]

厩舎を作る方法。まず、その幅を三つに分けるが、長さは自由である。その三つの部分は互いに等しく、各々の幅は六ブラッチョ(引用者注:一ブラッチョは、約六〇センチ)、高さは一〇〔ブラッチョ〕とする。中央の部分は馬丁が使い、両側の二つは馬用で、それぞれ三ブラッチョずつの幅をとらねばならず、長さは六ブラッチョで、さらに後ろよりも前の方が二分の一ブラッチョ高くなっていなければならない。かいば溝は地面から二ブラッチョの位置にある。かいば格子は下桟が三ブラッチョ、上桟が四ブラッチョ〔の高さに〕ある。さて私が約束したことを守ろうとするためには、つまり一般の例に反してこの場所を清潔できれいにするためには、厩舎の階上、すなわち干し草置き場については、この外側の端に高さ六〔ブラッチョ〕、幅六〔ブラッチョ〕の窓がなければならない。

(紙葉39表)

また鳥の翼の実験をやりたいと考え、考案している。

翼を実物で試してみたいのであれば、網で補強した紙と籐のリブを用いて、幅と長さが少なくとも二〇ブラッチョある翼を作り、重さ二〇〇リッブラの台に固定して、上に図示されるように速い力を与えよ。そこで二〇〇リッブラの台が、翼が下りる前に持ち上がれば、この実験は成功である。

……

もしこの翼がその性質上四拍で下がるものであり、君が仕掛けを使ってそれを二拍で下げるようにするならば、二〇〇リッブラの台は持ち上がるにちがいない。

（紙葉88裏）

簡単な実験で、翼を人工的に作り、速く下に振り落とすと、つないである台が浮かび上がる装置である。翼を速く下に移動させると、身体（本体）が持ち上がると考えている（ブラッチョは長さの単位で、当時のフィレンツェ標準値で、約六〇センチであり、リッブラは重さの単位で約三四〇グラムである）。

言葉（概念）についての考察も含まれている。

［力とは何か］

力とは、偶有的な乱れのゆえにその本来の存在と静止とから離れる物体にわずかの間生じる自発的、非物質的かつ不可視の作用であるといおう。

自発的というのは、力には能動的な生命があるからである。非物質的かつ不可視というのは、それが生じる物体は重さも形も増大しないからである。短命であるというのは、それがつねに己の原因に打ち勝とうとし、それが果たされると自ら命を絶つからである。（紙葉63表）

力とは、一般に「運動をもたらす働き」のことである。また働きのさなかで、ある物体から別の物体に移動していく活動態でもある。力は、それ単独で取り出すことはできないが、間違いなく働きの中で出現している。働きかける作用ともなり、働きの中で他へと移りながら働きを継続する。物にも運動にも解消できない働きが感じ取られ、観察されたときには、とりあえず「力」として課題設定しておくことが必要となる。その場合、力とは発見のための手掛かりであり、後にさまざまに分析されていくための暫定的な設定なのである。

こういうときに、「力」とは何かと言葉の内実について問いかけることは生産的ではない。というのも「力」は、それ単独で取り出せる対象ではないからである。単独で取り出せないものを考察するときに、概念の内実を問うような方向にもっていったのでは筋が悪い。

物と運動以外に、なぜ「力」は必要なのか。たとえば個物は、ただ安定しているのではなく、外圧や空気の移動のもとでも、個物であり続けている。個物であり続けることは、かけがえがなく、否応のない個物の働きである。この働きそのものは物にも運動にも解消できない。個物が個物であることに固有の働きに、「力」という表象が必要とされる。

また物が空気と相互作用するさいには、個物と運動以外にも相互作用固有の働きがある。そうした事態を捉えるために、「力」という設定は、発見的に機能する。だがその分だけ、「力」という語は、繰り返し乱用に巻き込まれてきた。わけのわからない働きを、「力」という言葉で語ってしまう歴史的現実があった。

歴史的に見ると、力の概念は、一九世紀の中頃、エネルギーの概念に置き代えられていく。当初のエネルギー保存則は、「力の保存」という法則として定立された。ヘルムホルツ、ジュール、マイヤーによる「科学的同時発見」の代表例の一つになっている。その場合の力には、熱や化学的な作用も含まれていた。そのため「力」という語は、働き一般としてのエネルギーという語に置き代えられていったのである。この場面で、力はさまざまな活動形態にかたちを変えるものになっており、特定の働きの内実を象徴的に指示するものではなくなっていく。

3 『パリ手稿A』［アッシュバーナム手稿Ⅱを含む］

一四九二年
四〇歳

この手稿の前後から、「ダ・ヴィンチの方法」と呼べるものが明確になってくる。

方法の特質の第一のものは「比例論」である。自然界の規則性は「比例的」に成立しているという確信であり、比例関係が物事の規則性を明らかにするという確信的方針である。これは事象の領域を超えて、広範に見られる探究の方法である。ダ・ヴィンチは、遠近法も比例関係で説明し、天秤の釣り合いやバランスの移動も釣り合いから説明していく。比例は、基本的に「線型比例」であり、由来は天秤の釣り合いや梃の働きである。

第二に、物質の相互作用とでも呼ぶべき、働きの継続の仕組みである。力学の作用は、次の局面、さらに次の局面へと継続していく。その継続の仕組みを取り出していくのである。一般には、後に運動量保存則とか、エネルギー保存則のような、「保存の一般観念」に見合うような法則の定立を思い浮かべてしまうが、保存一般についての普遍的な定式化は、ダ・ヴィンチの関心にはなかった。普遍法則を設定することは、おそらくダ・ヴィンチからすれば、筋の違うことであったと考えられる。保存の観念よりは、個々の場面での固有性を、ダ・ヴィンチは重視している。

力学は、個々の場面の直接作用を基本とする。一般に相互作用と呼ばれるものであるが、直接接触する働きがどういう仕組みで成立しているかを明らかにすることが、ダ・ヴィンチの観察であり、考察であった。それは視覚的に描くことに方向付けられた作業でもあり、「描く」ということをベースにして作業が進められている。

普遍法則を見いだそうとする近代科学的な手法は、代数的定式化と並行させて、一般的な法則の設定を行う。たとえば自由落下の定式は、$L=1/2gt^2$となるが、gは引力定数で、地球上の海抜ゼロメートルあたりでは確定している。こうした数学的な定式化は、一般には「仮説」として扱われ、仮説から理論値を導いて、実測値と照らし合わせて確認していく作業が行われる。

この作業が「仮説演繹」であり、実測値と合わないことはしばしば起きる。たとえば富士山の頂上では、gの値が異なるので、理論値と実測値はずれてしまう。そのため仮説は、現象の外側に大きな仮説として設定され、それに合わない場合には、定数を調整したり、補正項(摂動項)を付けて対応することになる。

こうした「理論仮説」を作るような試みは、ダ・ヴィンチには見られない。そのため内容上、近代科学法則と類似した記述が行われていても、そうした理論仮説を作るような手続きは行われてはいない。むしろまったく別のことを行ってしまっていた。個々の場面を仕組みとして詳細に描くことで、それが反復的に繰り返される仕組みを考案していた。そうした場面を連鎖させれば、半ば必然的にいわゆる「近代的規則性」が成立するようにして、働きの継続の仕組みを考えたのである。

このことは第三の方法的手法と関連している。自然現象の中で、現象そのものの出現(エマージェンス)に注意が向き、それを可能な限り詳細に記述しようとしている。出現という事態は、固有の現象である。しかも変化にかかわる現象である。

変化には、一般に、位置の変化、質変化（葉の色が変わる、果実がなる等）、起滅（出現と消滅）があるが、近代科学はすべての変化を可能な限り、位置の変化として説明する仕組みのことである。ところが「出現」という現象は、ある状態の中に別の事態が起きることなので、近代科学的な仕方では、簡単にはいかない。ここから出現を含む事象への考察が、断片として、書き残されることになった。

第一の比例の問題は、幾何学の応用問題でもあり、梃の釣り合いの応用問題でもある。二等辺三角形の斜辺の中央と底辺の中央を結べば、四分の一の大きさの二等辺三角形ができる。こうしたほぼ自明なものから始めて、「比例的な釣り合い」の事象を繰り返し、考えようとしている。

底面と側面の作る角度が一定で、かつ可能な限り大きな角錐を、太さの一様な四角柱から取り出すとき、角錐と角柱の残りの部分とは等量になる。（紙葉14裏）

天秤の腕が等しい長さであるとき、錘りbが錘りaを持ち上げるようにするためには、bはaより重くなければならない。錘りdが、それより重い錘りcを持ち上げるためには、dは、cが上昇する距離より、長い距離を下降しなければならない。（紙葉22裏）

こうした単純な比例分配、均衡比例から始まり、ダ・ヴィンチの手稿には、理解しにくいもの、怪しいものまで含まれている。たとえば眼と物体との距離が二倍になれば、物体の大きさは半分になるという遠近法の指摘は、単純すぎて、すぐに比例論のミスであることがわかる。距離の変化に対応する物体の大きさは、指数関数に近い変化をする。距離が隔たってもしばらくの間はほとんど同じ大きさだが、十分に距離が取られれば、人形のように小さくなる。たとえば二メートルの距離にいる人が、四メートルに遠ざかっても半分の大きさになることはない。だが塔のてっぺんから下を行く人を眼下に見れば、人形ほどの大きさとなる。視覚的な大きさについては、単純な線型の比例関係は成立していない。

だが自然現象のさまざまな謎含みの事態に気づくと、それを事柄の大小を問わず、ともかく書き留めていく傾向は、この手稿でもはっきりと出てくる。通常の規則性では、ただちに説明のつきにくい事態で、面白いと感じられるものは、何でも、しかも何度でも記述していく。ちょうど理科の実験をしながら、何か不思議な現象に気づくと、ともかくその場で可能な限り考えてみるような少年の好奇心と探究心のようなものが、この後晩年まで、延々と続くのである。

［井戸］

これは井戸であり、底には次の大きさの革袋が以下の状態で置かれているものとする。即ち、革袋の下側にも外側にも、指一本の幅の水しか入れないようにする。また、革袋の中の水は重さ一〇〇リッブラにし、革袋の上には重さ一〇〇〇〇リッブラの水を置く。この条件下では、上から大変な重量を受けるので、革袋は破裂するはずであるが、重量が袋を圧迫しないとすれば、何が重量を支えているのであろうか。（紙葉25裏）

リッブラというのは、当時使われていた重さの単位で、都市ごとにいくぶんか違いはあるが、フィレンツェでは三四〇グラムほどである。一〇〇リッブラは三四キログラム、一万リッブラは三四〇〇キログラムで、中型のトラック相当である。一リラ貨幣は、一リッブラの銀に相当する。

場面を変えてみる。夏場のスイカは、鋭い衝撃をあたえると、簡単に割れてしまう。ところが少しずつ圧力をかけて、体重を乗せていっても割れることはない。少年であれば、ゆっくりとスイカの上に乗ることもできる。圧力が均等に分配されてしまうと、圧力勾配が各方向で一定となり、新たな均衡状態となる。圧力は全体でならされて均衡状態となり、特定地点での特定圧力勾配は見かけ上、消えていく。

だがこうした均衡状態は、少し条件が複雑になれば、まったく別様の現象を出現させる。不均衡への逸脱と均衡回復の中で、別の事態が出現してくるさまをさまざまな局面で描いている。不均衡という動きの中でのさまざまな現象の「自己組織化」と呼ぶべき事態を描いている。

このあたりの注意の向き方が、日本人では寺田寅彦によく似てくる。一般規則には解消されず、新たな事象が出現するさいの固有性が観察されている。

平らな板を叩くとき、その上の粉末は集まり、小さな山を幾つも作るのを見るだろう。
ふるいを円形に動かすとき、穀物の大きな粒は、ふるいの中央に集まるのを見るだろう。
円形広場では、塵埃が風に動かされるとき、塵埃のうちの一層大きな部分は、一層大きな輪を作るのを君は見るだろう。
（紙葉32裏）

［木材に突き刺さっている小刀］
物体が、本来の場所から動かされると、激しい勢いで元に戻るが、但し、その本来の場所を越えて戻る。板に打ち込まれた小刀の例。この小刀を引き、そこから、これを離すと、小刀は以前に動かされた距離以上に動くだろう。
（紙葉33表）

そして変化の生じる出来事として、「打撃」を取り出している。打撃は、局面を変え、そこにはない事態を出現させる働きであり、起きていることは運動によるなだらかな変化というより、一つの「変化率」なのである。物体の相互作用の中では、緩やかに働きかけるというより、むしろ「不可逆な事態」を出現させる。ダ・ヴィンチの関心が、そこに向いている。

鐘を叩くと、その後に余韻が残る。ちょうど太陽が眼に、香りが空気中に、その形質を残すのに似ている。しかし、鐘を叩くことにより生じる余韻は、鐘の中に残るか、空中に止まるかを調べなければならない。それは、叩いた後で鐘の表面に耳を当ててみることにより、知ることが出来る。
（紙葉22裏）

打撃とは、物体が、抵抗する対象に与える素早い運動の終りであると私は思う。打撃こそは、すべての音の原因であり、様々な物体を破壊し、変形する主体であり、第二の運動を引き起こす主体である。打撃より短時間のうちに大きな力を発揮する物体はない。
（紙葉27裏）

またこの手稿では、後にダ・ヴィンチの大テーマの一つとなる「水の動き」についてのややまとまった考察が開始されている。このテーマは何度も繰り返し取り上げられ、記述も詳細になっていく。一つ一つのメモ風の項目に、息の長い記述が割り当てられるようになっている。

ダ・ヴィンチの記述の中では比較的珍しいものなので、全文を取り上げてみる。

［水に関する論文の序］

古来、人は小宇宙と言われており、確かに、この定義は適切である。人は、土、水、空気、火により構成されているように、この地球という物体もまた同様であるから、人が肉身の支えであり枠組みである骨を持つように、この世界も土の支えである岩石を持っている。人は、体内に血液の湖を持ち、そこでは呼吸する度に肺は膨脹し、縮小しているが、地球にもオケアノス、即ち、海があり、これもまた六時間毎に、世界の呼吸により膨脹し、縮小する。前述の血液の湖からは血管が派生して、体中に分岐して行くが、同様に、海オケアノスは、無数の水脈により地球を満たしている。地球には神経が欠けている。その理由は、神経は運動との関係で存在するのに対し、世界は永遠に不動のままであるため、そこに運動が生じることはなく、また、運動が生じないので、そこには神経は不要である。それはともかく、他のすべての事柄に関し、両者には多くの共通性がある。

［世界の熱について］

生命のあるところ、熱があり、生命の熱があるところ、そこには流体の運動がある。このことは、次の現象を観察することにより証明される。即ち、火の元素が発する熱は、湿気を含む蒸気や、濃い霧や、厚い雲を常に自分の側に引き寄せる。火は、これらを、海や、他の小さな沼や川や、湿った谷から引き離す。それらは徐々に冷たい領域まで進み、そこで先頭の部分は停止する。熱と湿気は、寒さと乾燥とには馴染まないからである。かくして、先頭の部分は停止し、そこで他の後続部分のために備える。この様に、諸部分が結合することにより、厚く暗い雲が発生する。また、時々、それらの雲は、ある地域から他地域へと風により移動させられる。

（紙葉55裏）

こういう文章を読むと、ダ・ヴィンチも「マクロコスモス」と「ミクロコスモス」の対応関係を考えていたのかと、ただちに理解しがちになる。そうした理解は、ごく一般的なものだが、ある意味で「教養が邪魔になる」という場面である。「考え方の枠組み」というのは、一般には「粗い要約」である。その粗い要約を、ダ・ヴィンチも引き合いに出している。一般的には、「新プラトン主義」と呼ばれる思考の類型である。類型は、かりにそれを活用する場合でも、自分自身の探究の大まかな手掛かりに留まっている。

ダ・ヴィンチは、枠組みを前提し、それに沿って考えようとしているのではない。少なくともその粗い要約である枠組みが、どういう局面で語られているかを考えていくことが肝要である。一番近いのは、湿気や血液のような流体の運動の断続的な継続であり、その運動の継続の一つのレベルが世界であり、また別のレベルが人体である。

ということは、ミクロコスモスに相当するのは、別段人間に限られているのではなく、植物にも動物にも当てはまっている。そうだとすると、ミクロコスモスには、竜巻や渦巻も入れてよいのかという思いが湧く。ダ・ヴィンチ自身がそれに関して述べているわけではないが、おそらくその問いには、「肯定」で答えると思われる。
水の運動については、「見えないものを見る」というような局面を通過しなければならない。それは知覚とイメージと運動感の交錯する「観察」となる。何度見ても、全貌が見えるようになるわけではない。まるでそれが水の本性であるかのように、繰り返し記述を試みる以外にはない。そしてそれは渦巻の素描にも生かされていく。
いくつか典型的な箇所を取り出してみる。

［水の泡は、何であるか］
高い位置から他の水の上に落下する水は、それ自体の内部に、ある分量の空気を閉じ込める。その空気は打撃により水と共に沈み、次いで、最初に衝撃の加えられたところから輪を描いて離れながら、球体内に僅かな湿気を帯びつつ、素早い動きで上昇し、もとの水面に戻る。
あるいはまた、他の水の上に落ちる水は、その場所から様々に分岐して離れる。それらは重力による力と、落下する水が加える打撃とにより水面で何度も打たれながら、――もつれ合い、絡み合い――二股に分かれ、窪む。空気は落下する水の非常な速さのために、その固有の領域へと逃れる余裕を持たず、むしろ、上述のごとく、水中に沈むのである。

水は、激しく落下する場所に、
何故に丸い形の穴を掘るか。

[水の落下]

上述のごとく落下する水は、その穴を拡げることをしない。何故なら、水が垂直に落下するときは、後ろから押している水に勢いがないことの証拠である。だから、それは疎らに、しかも細く、ほとんど垂直に落ちる。疎らな水の間に介在する空気は、上から均等の重圧を受けるので、素早く逃げることが出来ない。そこで、打撃と共に上から押さえ付ける重圧が、空気を沈めることになる。しかしながら、空気は、暴力を伴わずして、その本来の領域から引き離すことは出来ないので、打撃と重圧の激しさに従いはするものの、すぐにまた上昇し、丸い泡となり、前に衝撃が加えられた場所に近い水面へと戻って行く。（紙葉59表）

[渦]

運動は、大きな力により追い立てられるほど、直線的な道を取る。従って、大きな重量により追い立てられた水は、低い位置の水面を打ち、川底に至り、円形の回転運動により、その川底を移動させ、浸食する。

水が他の水の上に激しく落下するとき、最初の衝突で充分な抵抗に会うことがなければ、同じ激しさを維持したまま川底に至る。そこで抵抗に遭い、大きな円運動に変わる。この円運動は、水面に近付くほど、小さくなる。その激しい運動は、他の水が運動を開始するほぼその場所で、終了するからである。これが事実である。

力により生じる運動は、常に動かされるものと、動かすものとの比に相当する距離を、移動する。

また、その力が抵抗する対立物に遭遇すると、それに相応な長さの移動を中止し、円形の運動、あるいは、他の様々な躍動、または跳ね返りの運動を行うだろう。これらの運動の軌跡は、時間と移動を計算すると、相応な行程との間に、いささかの食違いも見せないだろう。

渦は、すべて水底の部分で広く、水面の部分で狭いことを確かめよ。

（紙葉60裏）

4 『マドリッド手稿I』

一四九三〜一五〇一年
四一〜四九歳

マドリード国立図書館に所蔵されている手稿は、二部から成る。一九六七年にマドリード国立図書館で発見されたものである。前半部である『マドリッド手稿II』（一四九一〜九三年、三九〜四一歳）は、個々の文章も短く、どこかからメモ風に取り出して、そのまま書き記したような文章が多い。機械や道具についてのデッサンも輪郭だけを描くかたちのイメージというタイプのものも多い。

これに対して、後半部のこの『マドリッド手稿I』は一つ一つの項目の構想がこなれてきて、個々の場面で自分なりの構想が組み込まれるようになっている。なお編集の都合上、遅い時期の草稿が『手稿I』となっている。

この『マドリッド手稿I』は、機械学や関連する力学を総まとめにした手稿で、ダ・ヴィンチの言語が、基本的に「デッサン言語」であることを明確に示している。資料的には、大雑記帳である『アトランティコ手稿』からの抜粋や新たに付け加えたものを含めて、二〇〇項目に近いデッサンが配置されている。誰が編集したのか、詳細はよくわからない。『アトランティコ手稿』から、ダ・ヴィンチ本人が書き写したものもあり、さらに書き足したものもある。

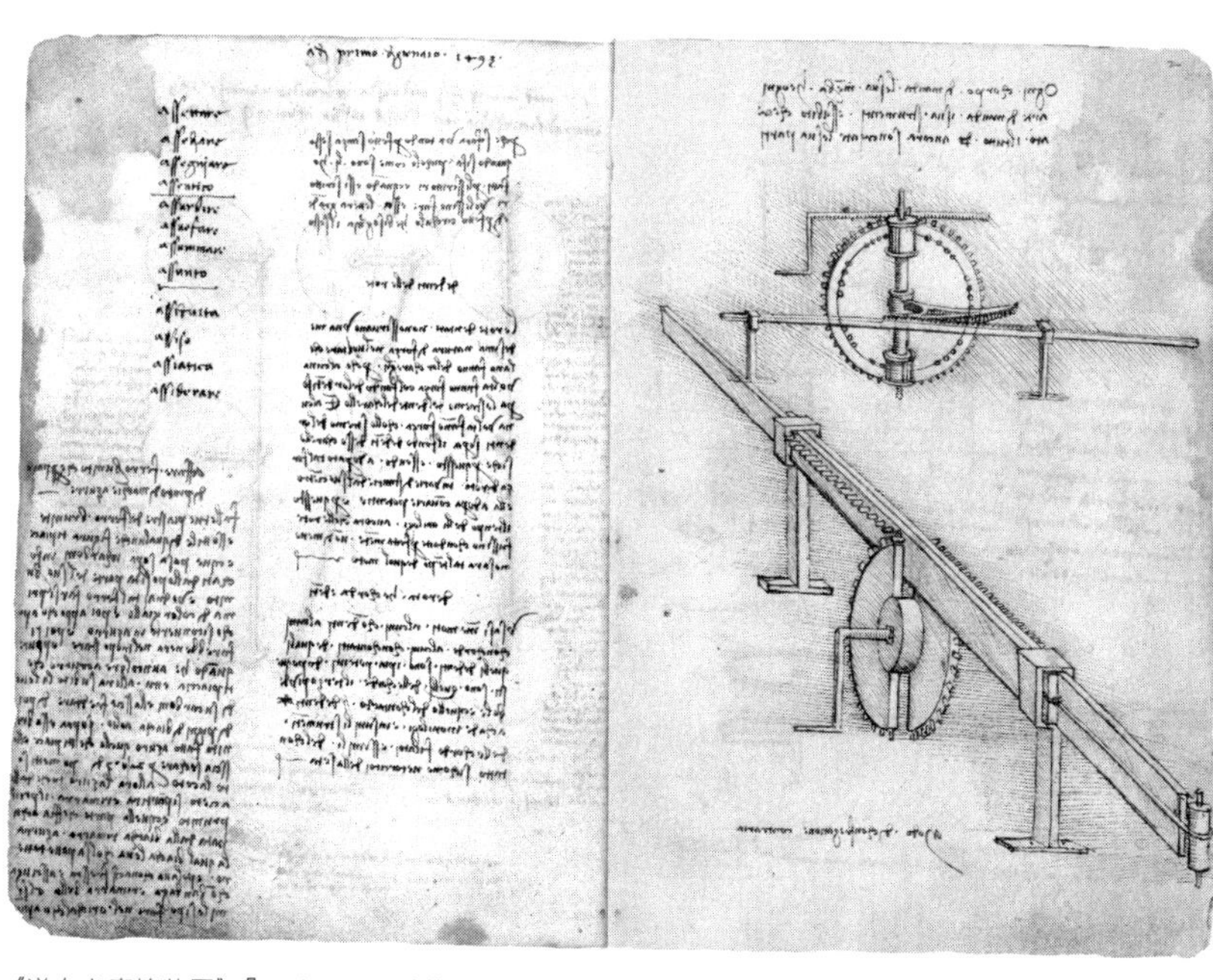

《逆向き摩擦装置》『マドリッド手稿Ⅰ』図2／マドリード国立図書館

この手稿の作りは、機械のデッサンを行い、紙葉の隙間にデッサンの解説や、その機械で問題になりそうなことを書き込んでいる。デッサンは、メモ風の簡略なものから丹念に仕上げたものまで幅広い広がりがある。デッサンと文章が異なる役割を担っているだけではなく、何か違う事柄を問題にしていることが多い。デッサンと文章にかなり大きな乖離があるものから、デッサンに詳細な説明を付けたものまで、図と言葉の間に幅の広い距離感がある。

デッサンの詩学

この距離感にはさまざまなモードがある。機械学や力学を構想する上で、デッサンを付けて視覚的な参照図になっているものから、描かれた機械や道具そのものに凝った工夫の加えられたものまで、デッサンと文章の間には、説明のための図解から、相互に補完し合うようなものまで、ほんとうにさまざまなモードが出現する。場合によっては、デッサンで示された図と周囲に書き込まれた文章がほとんど関連していないようなものまで含まれている。図と文章を相互媒介的、相互触発的に活用しているものもある。

言葉から物事を学んでいく場合には、多くの場合、学習は、概念を捉え、概念に含まれる意味内容を、論理的に配置していく作業となる。これが「概念的な思惟」で、ロゴスで考えていくことになる。基本的には、哲学はこの方向で作り出されている。アリストテレスが、そうした方向で言語を活用したのである。

ところが言葉には、像が含まれており、単なる意味には解消できない。しかも言葉に対応する像が、一通りに決まるわけでもない。たとえば「力」という語は、力学を構想するさいには欠くことのできない語の一つである。しかしこの語の意味内容は、一つには決まらない。そうしたときには、ともかくも力についての「イメージ」を思い描いてみる。概念の内実が決まらないのだから、概念を定義のように決めて、定義された意味内容で、論理的な議論を作ることができる。いわば「論理的なゲーム」である。そうした仕方は、「分析哲学」という独特な議論の作りを生んだ。

これに対して、言葉を定義するのではなく、言葉のイメージを思い浮かべ、経験や世界の輪郭が広がるようにイメージを作り上げることはできる。そのとき明確に世界や経験の輪郭が拡張されれば、こうしたイメージを活用するように言葉を生み出すものは、天性の「詩人」である。言葉を芸術的な方向で活用するのである。

そしてこうした方向で、「自然学」を作り上げることもできる。ゲーテの自然学は、自己組織化する自然に相応しく、イメージを構造化した記述で形成されている。ゲーテの自然学は、明らかに詩人の仕事である。

それに対して、ダ・ヴィンチは職人的な工芸を進まなければならない。イメージは、デッサンで表現できる。だがそれは静止画像でもある。そこからダ・ヴィンチは、文章を活用して、こうした工芸品（技術的制作物）の動きの現実を書き込もうとしている。どのように精確に制作物が作り出されようと、動きはそれぞれに固有の多様性への傾向をもつ。そうした事態は、言葉で表現するよりないのである。同時代で見ても、ダ・ヴィンチは「運動するものの詩人」だった。

言葉がうまく使えれば「詩人」になることができるわけではない。言葉の技巧は、ある意味で余分なことでもある。言葉だけがうまい詩人を、何と呼んでよいのかわからない。むしろ見えないでいるものを見えるようにしていくところに、ダ・ヴィンチの言語が蠢いていた。

描かれたデッサンは、棒を使った動力の伝達、歯車の組み合わせ、複合的歯車、ベアリング、クランク（回転運動を前後運動に転換する）、永久運動のモデル、重りによる回転運動、カム（逆回転防止歯車）、不規則周期運動歯車、等々である。また山を突き抜けるトンネルの掘り方のような実用作業の記載も見られる。見事なデッサンから簡略なイメージ図にまで、さまざまな書き方をしている。

この著作の冒頭で以下のような施政演説を行っている。

永久運動――或る人々には永久回転と呼ばれているが――の研究は、無駄で実現不可能な人類の妄想一つであることに私は思い至った。何世紀もの間、水力機械や戦争器具やその他の精巧な装置に関心を抱いてきた人々の多くは、長年にわたる研究や実験また莫大な費用を注ぎ込んで、この研究に没頭してきた。そしていつも最後には、錬金術師たちと同じ破目に、つまりわずかな部分の失敗のためにすべてが無駄になるという結果に終った。そこで私は、こういった探究者連中に恵みを施してやろう、この私の小論が続く間は彼らを研究から解放して休ませてやろう、と思うのである。

さらにまた、彼らの請け合った仕事が望ましい成果をあげるように、そして君公や為政者たちから不可能な仕事を請け負ったためにいつも逃げ隠れしていなければならぬような破目に陥らないでもすむようにしてやろうと思うのである。かつて私は大勢の人々が、たわいもない妄信につかれて、一儲けしようと夢みながら、さまざまな地方からヴェネツィアに集まってきたのを目撃したことがある。彼らは流れの止まった水でも動く水車を作ろうとしていたのである。しかし莫大な費用を注ぎ込んでもこの装置を動かすことのできなかった彼らは、〔水のかわりに空気で〕自分を動かして死物狂いで逃げ出さねばならなかった。（紙葉0）

自然法則の中には、極限状態や限界状態をそれとして定式化したものがある。「エネルギー保存則」（一九世紀中葉）は、すべての形態のエネルギーは総量として保存されるという内容だが、摩擦による熱の発生によってエネルギーの一部は確実に失われるので、現実の駆動系では、永久運動は成立しない。このタイプの近代科学的法則は限界状況を指示しており、現実の運動はその限界の手前の事態しか生じない。その意味で、エネルギー保存則は、法則の定式化の裏側で、自然界では起きない「禁止領域」を示している。慣性の法則も似たようなところがある。運動しているものは、同じ速度で運動し続けるという定式化だが、その裏側で、運動の継続には、それをもたらすための「原因」は必要ではないという「禁止領域」を示している。ある意味で、エネルギー保存則や慣性の法則は、現実の物理系では成立しない理念領域の法則であり、法則としては「公理」に近い。そのためそれらは現実に起きることの限界を示している。カントは、法則の中に現実の物理系がしたがう「構成規則」と、探究が前提とする「統制規則」を区別したが、この区分に従えば、エネルギー保存則や慣性の法則は、構成規則の裏側を指定しており、また理想系ではそうした法則で指定される状態を「対照項」として活用できるという「統制的規則」の性格をもつ。ちなみにニュートン三法則の中でも、作用反作用の法則や力と加速度を関連付ける運動法則は、構成規則である。

ダ・ヴィンチの規則設定は、たとえエネルギー保存則に類似した記述が見られる場合でも、限界の指定を行っていることになる。それは職人的な直観で示された禁止領域の指示的な記載であり、現実の系を理想状態に近付けていくための手掛かりとなる規則設定である。『マドリッド手稿Ｉ』の記述は、こうした禁止規則の手前で、どの程度の選択があるのかという試行錯誤である。

解説モード

紙葉13は、さまざまな大きさの歯車の組み合わせが描かれている。それに付された文章は、以下のようなものである。図を元に解説文と注意事項を書き並べており、文章の距離感は「取扱説明書モード」である。

錘りが大きい場合、もしくは軽くて運動が迅速な場合、接触点を多くしてその重さを支えるように、軸を長くすべきである。

軸が短くて、かつ錘りが重いか、もしくは運動が迅速な場合には、軸は自分自身と〔軸受〕穴とを摩耗するだろう。柔かいものと柔かいもの、堅いものと柔かいもの〔とを組み合わせた場合に〕は、お互いに摩耗し合うから、堅いものと堅いものにする必要がある。従って車軸を焼入れした鋼鉄で作り、〔軸受〕穴の方も焼入れした鋼鉄で作るがよい。

歯車の歯がピニオンのピンと幅いっぱいに接触するなら、ピニオンのピンはいっそう長持ちするだろう。

だがピニオンのピンがそれと嚙み合う車とわずかな部分でしか接触しないなら、ピニオンのピンの摩耗は早いだろう。

車の軸を固定しておいて、車にその軸の周囲を回転させれば車はその中心の穴を大きくして、この文の上に描いた図のように、使いものにならなくなってしまうだろう。

ここで、車の歯がピニオンの歯の一〇倍あるとすれば、ピニオンの摩耗は車のそれよりも一〇倍速いであろう。

新案開発モード

読者よ、もし私に関心をもつなら私のノートを読みたまえ。私のような人間は極めて稀にしか生まれてこなかったのだから。というのもこういう新しいものを新たに自分で創ろうと望む少数の者の

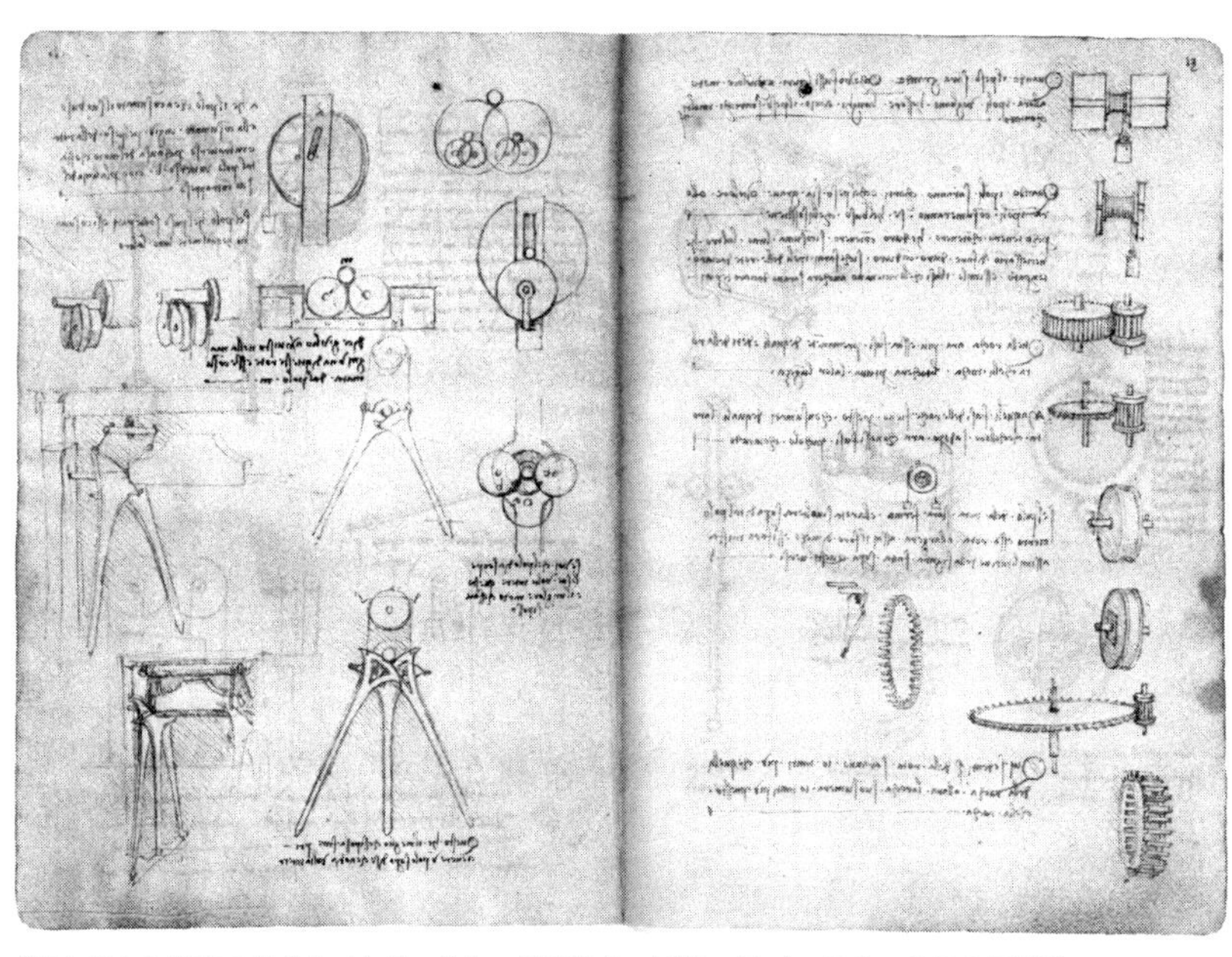
《さまざまな歯車の組合わせ》『マドリッド手稿Ⅰ』図12・13／マドリード国立図書館

みがこのような研究を持続する忍耐心を保持し続けることができるからだ。おお、人々よ、このような研究によって、自然の内奥に発見されるさまざまな奇蹟を見に来たまえ。

ａは大地の重心である。ｍは水圏の重心である。ｎは地球全体の中心である。従って、水と大地とを一体化するとそこに唯一の中心がえられ、それが地球全体の中心に等しいのだということができよう。（紙葉６表）

ダ・ヴィンチは他の箇所で、大洋の移動や水の循環を描いていることを考え合わせると、地球の中心として指定されたものは、微妙に動いていることになる。複数の歯車の接点の場所で、流体が絡むようだと、かなり異なる歯車装置ができることになる。

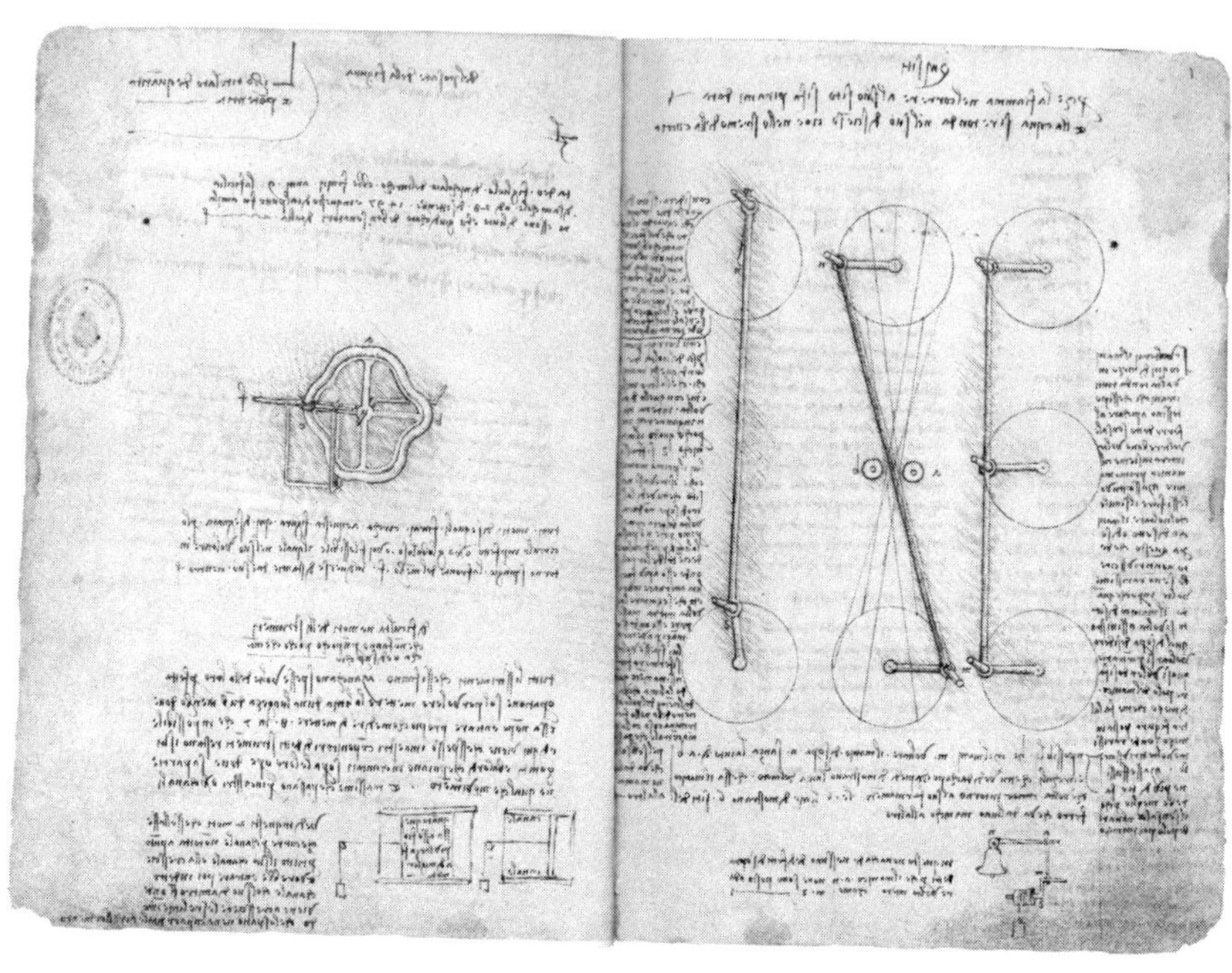

《歯車運動の伝達装置》『マドリッド手稿Ⅰ』図0・1／マドリード国立図書館

イメージの喚起力は、かなり多くのものを含んでいるが、ダ・ヴィンチが実際に何を考えていたのかはよくわからない。

別様展開の可能性モード

私は粉挽き機の小歯車（引用者注：ピニオン）のピンの耐久性が小さいのは、主として消耗が均等でないことによるのを知った。この不均等な消耗が生ずるのは、当のピンが垂直方向につけられているためである。つまり回転によって生ずる運動は、ピンのどの部分でも等しいのに、この運動の均等性は、その小歯車を動かす車の歯においては見られないからである。というのは歯の、起動歯車の中心に近い内奥部分の運動は、中心から遠い外縁部分の運動よりも遙かに小さいからである。それゆえ当然より大きく動く歯の部分は、その動かす相手をより強く突き動かし、より強く突き動かすことによって、それにより強く触れる。そしてより強く接触することによって、それをよりはげしく消耗させるのである。その消耗は二つの線に沿っておこる。つまり一つは高い方から低い方へ、そしてもう一つは、いわば回転中に生ずるピンの回転方向に沿ってである。

（紙葉100表）

一方の車軸が他方の車軸を包みこむようになっているというか、すべてが同じ穴に収まっていて、その車軸に固定されている車輪に、さまざまの運動が可能なようになっている車軸。

これは取り付けられた物の如何なる運動にも応じうるような万能の車軸で、極めて丈夫である。

二種類の運動に応ずる車軸。

いく種類かの運動に応ずる車軸。

二つの回転運動、二つの横向きの運動、そして一つの上下運動に応ずる車軸。

（紙葉100裏）

ダ・ヴィンチの関心の一つ、それもかなり大きな関心の一つは、間違いなく、運動の多様性の出現する仕組みにあった。

一方では機械仕掛けの道具を作ることに並々ならぬ執念をもち続けていたが、必然的で永遠の運動は、人間の誇大な思いの中にしかないことは、ダ・ヴィンチにとって明白な確信であった。間違いなく「永久運動」は不可能なのである。だがこの不可能さの理由を、現代的に言えば、摩擦熱の発生やエネルギーのロスから生じていると、ダ・ヴィチが考えているようには見えない。むしろ機械仕掛けの運動であっても、内在的に多様化に向かう可能性が含まれていることに気づいていたのである。

すでに第I章で取り上げたように、「歯車は、ピニオン（引用者注：動かされる側の小歯車）を回転させるに当って、一様な力で働き続けるのではない。というのは、歯の底部でピニオンの歯の先端部に力を与えることもあれば歯の先端部でピニオンの歯の底部に力を与えることもあるからである」（紙葉1裏）。科学的には、二〇世紀の後半にさまざまな仕組みが取り出された「複雑系科学」に似通ったものになっている。

そして歯車の組み合わせ方によって多様な仕組みが成立する方向で、多くのアイディアを出そうとしている。複数の事態に一つの歯車で対応できるような局面や、複数の運動に一つの歯車で対応できるような局面を考えている。その内容には、よくわからない部分も含まれているが、機械仕掛けの多様さに向けたアイディアの方向性は明確である。

原理論モード

一方で時として、概念的な課題にも考察を進めることがしばしばあった。

重さとは、ある原素の物体が強暴な力で引き出され、他の原素内へ引き込まれたときの、物体のある働きである。この重さは、連続的な突進力をともなって、対立するすべてを押えつけ、あるいは征服しようとするもので、またもとの場所、すなわち引き出されて他の原素内に強暴な運動で引き込まれる以前に原素のあったもとの場所に、脱走して帰国しようとするものである(激烈な力で一原素から引き出されて、他の原素内に引き込まれる以前に)。

重さとは、われわれの間で実に驚嘆すべき力をもつことを見せてくれるが、引き出されて他の原素内に引き込まれたある原素の働きにほかならない——ある原素から引き出されて、他の原素内に引き込まれた原素の一部の働きにほかならない。

(紙葉145表)

紙葉144から紙葉147あたりで、重さが動きにどう関与するかを繰り返し考えようとしている。たとえば歯車が別の歯車を動かすさいにも、二つの歯車の重さが作用の内実の一部を決めている。運動や運動の大きさだけではなく、働きかけるものの重さが働きそのものに内的にかかわっている。この重さという要素をどのように描いたらよいのかを苦心しているようである。

後にデカルトによって「運動量保存」の法則が定式化される。たとえば二つの物体が衝突して、その後も動き続けるような場面で、二つの物体のそれぞれの[重さ×速度]MxVの合計は、衝突の前後で維持され、一定である。このとき重さを単独で取り出すことはできないが、明らかに重さが内的に関与し、寄与している。ダ・ヴィンチもおそらくそうした事態を感じ取っており、それを「働きの仕組み」として考えようとしている。外側に設定された規則の解明には、ダ・ヴィンチはほとんど関心がなく、そうした探究の仕方には接点がない。

5『鳥の飛翔に関する手稿』

一五〇五年
五三歳

鳥の動きについては、ダ・ヴィンチは何度か記述を試みているが、まとまった思考と記述を行ったのは、この手稿である。大半の記述が、鳥の動きにかかわるものであるため、『鳥の飛翔に関する手稿』と呼ばれている。当初は、人工的な空飛ぶ機械を作ろうとしており、そのためのいくつかの計画を立てていたが、ほとんど失敗しており、この手稿の時期には、鳥の飛翔の観察に取り組んでいる。

羽の動きをつうじて、鳥の身体が持ち上がるとき、羽の運動と空気の作用、風の動き等々を変数として考えておかなければならない。だが風の動きは一様ではなく、風の向きも、風速も、多くの場合かなり変化する。それに対応する全身のバランスのとり方と羽の動きを克明に観察し、記述していく。

飛行機と異なり、頭部と尾部の上げ下げで、バランスのとり方は複雑になる。少なくとも飛行機と異なり、鳥の動作は、多くの制御変数が組み込まれている。風がなくても真上に飛び立つことができる。機械で行えばヘリコプターやドローンのような仕組みが、適合性は高い。そうした動作を、鳥は羽の羽ばたきで実行している。鳥の羽で下の空気を圧縮すると圧縮された空気の反作用で、翼の方が持ち上がるという議論をしている。これは浮力の応用であり、鳥の上昇の一部を説明している。

また翼を止めたまま水平飛行する場合の「揚力」は、ダ・ヴィンチの発想の中にはない。羽の上面のかたちは、空気圧が減少するように作られている。そのため空気が前方から通過すると、自動的に身体は持ち上がるが、この働きを除いて考察しなければならない。

鳥の飛翔の仕組みについては、過不足のない説明をあたえることはかなり難しい。そのため最大限詳細に描くことのできる運動の局面を切り取っていくことになる。

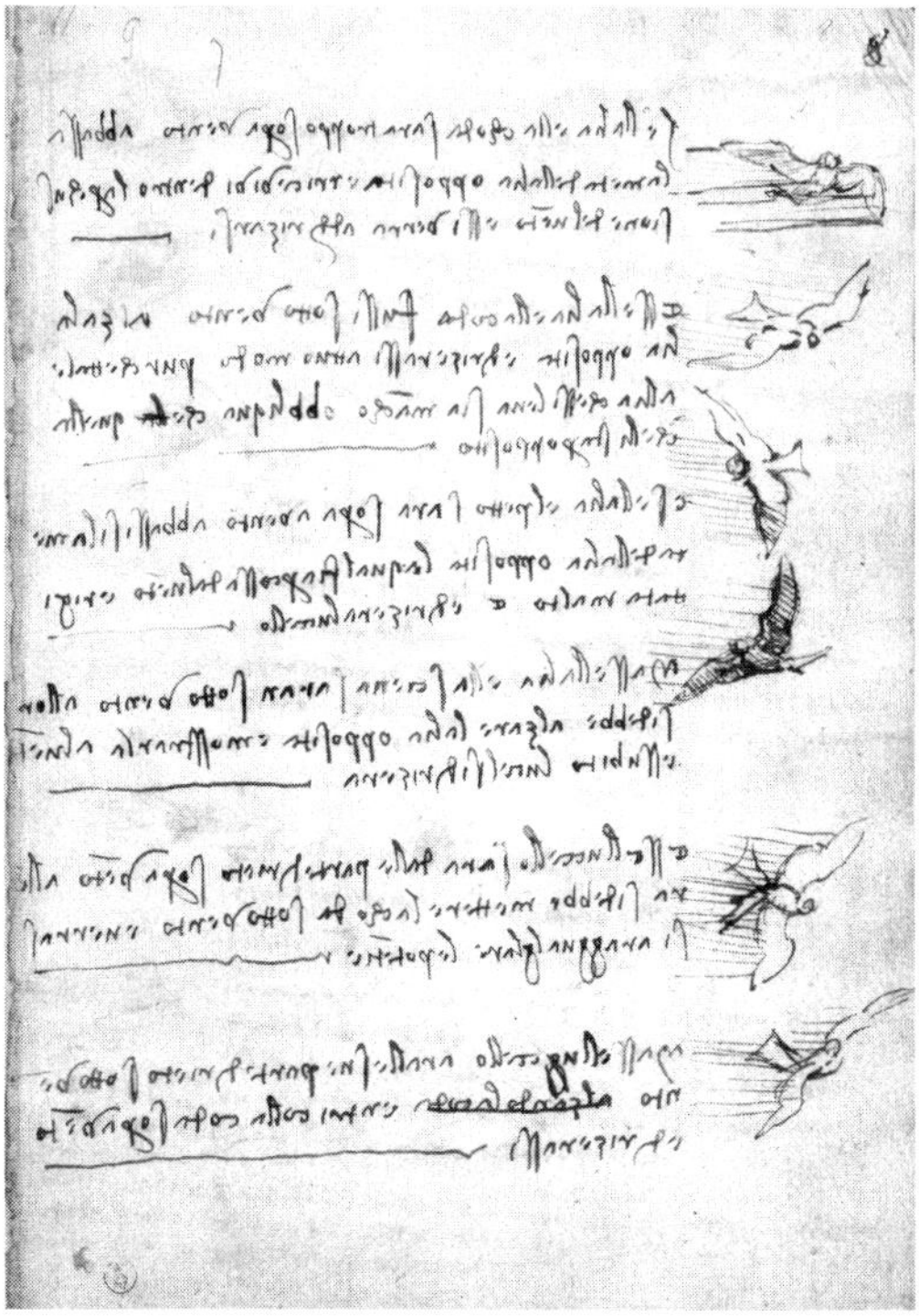

《鳥の飛翔のスケッチとメモ》1505年頃／トリノ王立美術館

[片方の翼の先端を下げた鳥の図]
一方の翼と尾が余りにも風の上になるならば、反対側の翼の半分を下げ、その内側に風の打撃を受けよ。そうすれば鳥は立ち直るだろう。

[片方の翼を少し上げた鳥の図]
そして一方の翼と尾が風の下になるならば、反対側の翼を上げよ。この上げた翼が、その反対側

の翼より小さな傾斜を持つ限り、お前の望むだけ立ち直らせることができるだろう。

［片方の翼の先端を下げた鳥の図］

そして一方の翼と胸が風の上になるならば、反対側の翼の半分を下げよ。そうすれば、この翼は風に打たれて跳ね上げられ、鳥を立ち直らせるだろう。

［片方の翼を上げた鳥の図］

だが一方の翼と背中が風の下になるならば、反対側の翼を上げて、それを風に見せよ。そうすれば直ちに鳥は立ち直るだろう。

［上にあった尾を下げた鳥の図］

そして鳥の後半身が風の上になるならば、尾を風の下に入れなければならない、そうすれば二つの力は釣り合うだろう。

［尾を上げた鳥の図］

だが鳥の後半身が風の下になるならば、（尾を下げて）尾を風の上に入れよ。そうすれば立ち直るだろう。

（紙葉8表）

鳥が風の上に向いて、嘴から胸までを風に当てるならば、鳥は裏返しになるかも知れない。そこで鳥は尾を下げて、その内側に大量の風を受けるようにする。こうすれば裏返しになることはありえない。以上のことは、『機械学原論』の第一〔命題〕で証明される。即ち、平衡状態にある物体が、その重心の向こう側を〔上に〕打たれるならば、重心のこちら側にある反対部分は下に下がる。

（紙葉8裏）

この文章中にある『機械学原論』は現存しない。失われたかもしれないが、最も可能性が高いのは、ダ・ヴィンチの頭の中では、将来まとめるつもりで、『機械学原論』に相当する命題集が作られており、やがては正規の草稿にするつもりでいたが、その作業はなされないままになったということである。それに相当する命題の断片は、他の手稿で部分的に見つかるので、構想されていたが正規にまとめられることはなかったというのが実情であると思われる。

6 『パリ手稿F』

一五〇八年
五六歳

この時期の記述は、一つ一つの文章も息長く、ゆったりとした記述になっている。水の運動や渦巻の運動、視覚の成立等の事柄が取り上げられている。その他に地球物理学にかかわるマクロな現象も論じている。山の上に水があるのは何故か、さらには山中に貝や海藻の化石があるのは何故かを不思議に思い、自分なりに考えてみている。

このテーマは『レスター手稿』でも考察されており、想定外のことを生々しく考えるダ・ヴィンチ特有の「奇想癖」が出やすいテーマである。誰にも見ることのできないマクロな事象をまるで見てきたかのように描くのである。

『レスター手稿』には、いくつか興味深い点が記述されている。一つは水の「中心」というテーマである。地球全体を覆うような海洋全体の水の中心と、水が植物の葉の上でコロコロとひとまとまりになる場合の「水の個体」の中心である。

個体化するものは、それとして中心をもつ。水は、海洋のような流動する一面の水と、個体化する水のように無数に分散する中心点として捉えられている。また第二の点として海洋全体の水の中心は、密接に地球全体の中心の位置に関連してくる。地球の中心は、土の中心と同一にはならない。それは海洋の水が流動するからである。土と水を合わせて、流動する海洋の水によって、地球の中心は、土の中心とはずれるのである。

この『パリ手稿F』にも水の流動と大地の変化にかかわる記述が出てくる。地球物理学レベルの現象は、現象そのものがマクロすぎることと、時間経過が途方もなく長いことによって通常の観察の身の丈を超えてしまう。

山々の高い頂きから湧き出す水は、海からやって来るのであり、その海はこれらの山よりも高い所にあるので、その重さが水を山頂まで押し上げるのだとすれば、この水の微小部分〔地下水〕には、これほどの高さに上昇することが許されていて、しかも非常な困難と時間をかけて大地に浸透するのに対して、その残りの全体の水の元素は、空気と境を接しており、空気は〔大地のように〕抵抗しないのであるから、その水は〔地下水と〕同様に振舞って、その全体が前述の場所と同じ高さに上昇してもよいはずであるのに、実際にはそうならないのはなぜか。このような出鱈目を思い付いた者よ、君は自然から学び直すのがよい。（紙葉72裏）

泥で濁った川の洪水が、海岸近くの水中に住む生物の上にその微細な泥を沈澱させると、これらの生物は泥で型取りされた状態で、重い泥の下に埋もれるので、普段餌にしていた生物に事欠いて死なざるをえなかった。そして、時とともに海の水位が下がり、塩水が流れ去ると、泥は石に変り始めた。貝殻の内部は、その生物が消滅したために泥で満たされていたが、こうしてその周囲の泥全体が石に変ると、いくらか開いた貝殻の中に詰まっていた泥も、その貝殻の透き間を通して他の泥とつながっているので、それも石に変ることになった。こうしてすべての貝殻は、二つの石の間に、つまり貝殻が閉じ込めている石と貝殻を閉じ込めている石の間に残ったのである。これらは今でも数多くの場所で見出されるが、山々の石の中に見出されるほぼすべての貝の化石は、今でも周囲が自然なままの外皮を持っている。（紙葉79表）

自然が石を生み出そうとする時には、一種の粘っこい液を分泌する。それが乾くと、その内部に含まれていたものを凝固させる。だが、それらを石に変えるのではなく、それらをそこにあったままの形で保存するのである。このために、山裾で作られた石の内部に、さまざまな種類の混合物と一緒に木の葉が完全な形で見出される。これらは、秋の季節に発生した川の洪水によって、そこに残されたものである。その後、その次の氾濫の際に泥がそれらを覆い、この泥は上述の液によって凝固して、泥の層に従って何段にも分れた石に変貌したのである――（紙葉80表）

7 『ウィンザー手稿』

一四七五～一五一八年
二三～六六歳

イギリスのウィンザー城に保管されている手稿で、『アトランティコ手稿』からの切り抜きとそれらの再編集で作られている。

『アトランティコ手稿』は、日記に類するこまごまとしたことまで書き込まれており、膨大な「雑記帳」という体裁で、テーマごとに編集された作りにはなっていない。ダ・ヴィンチの遺稿は、弟子のメルツィに遺贈されたが、その後多くの人に分割売却された。その買手の一人であるレオーニが、『アトランティコ手稿』からテーマごとに編集しようとして切り抜き、別冊に作り上げたのが『ウィンザー手稿』である。素描の編集を基本として、風景論、植物、解剖手稿（A、B、CⅠⅡⅢ）等がある。

『風景、植物、水の習作』のかたちでまとめられたものは、デッサン用の自分のためのノートである。注意が向き、関心が持続するものは、いずれ作品のどこかで再利用する可能性がある。それをともかく書き止めておくのである。一種の「デッサンの創作ノート」である。

文章を綴る作家でも、旅行したとき、どこか気にとまった情景を描写しておき、後に作品を作るプロセスの中

《「ベツレヘムの星」(オオアマナ)とその他の草花》『ウィンザー手稿 第Ⅱ巻』12424/英国ウィンザー城王室図書館

《花をつけた一茎の百合》『ウィンザー手稿 第Ⅱ巻』12418/英国ウィンザー城王室図書館

で、その情景描写を組み込んで活用することはしばしばある。美術史的には、それぞれの素描が後の作品のどこに組み込まれて活用されているかを追跡するような制作プロセスの解明作業が成立する。だが個々の素描の形成段階では、後にどう使うかまで決めて素描の習作を行っているのではない。その意味で、素描はそれとして固有でもある。

植物にも風景にも水にも、共通の性格が入り込んでいる。それが「蠢きの感触」とでも呼ぶべきものである。ダ・ヴィンチの描く植物は、植物のかたちよりも「個物の蠢きの感触」が際立っている。個物は蠢いているのである。それは個物が個物であることによる微細な運動である。

そうした中で「水の動き」は、ダ・ヴィンチの特段の注意を引き、素描の一大テーマにもなっている。それが『水の研究』である。

8 『水の研究』［素描集、第一篇、風景・植物・水の習作］

一五〇九〜一三年
五七〜六一歳

水は流体として多様な運動のモードをもつ。この多様さは、圧倒的である。粘性のある流体では、こうした多様さは出現せず、また気体になってしまえばモードと言えるほどの動きの定性がなくなってしまう。水は何度見ても、そのつど新たな動きのモードを示してくれる。そのためダ・ヴィンチは、水の動きのモードについて繰り返し描き続けている。

水の落下運動は、濠の中に入ったのちは三種類に分かれる。さらにそれに加えて、第四の運動がある。それは水とともに沈む空気の運動である。これは最初に生じる運動であるから、最初に定義しなければならない。第二は、その沈んだ空気の行なう運動である。第三は、［水底で］反射した水が、それまで押し込めていた空気をもとの空気の位置に返したのちに行う運動で、この水は大きな沸き上がりの状態で上昇したのちに、空気中で重さを得て、再びそこから水面下に落ち込み、水を貫通して水底にまで達し、その水底を打撃して削り取る。第四の運動は、水が落下点に向かって逆流する際に、濠の表層で行なう渦巻き運動である。水が落下点に逆流するのは、その〔場所〕位置が反射する水と入射する水の間でもっとも低いからである。以上に加えて第五の運動があり、それは錐揉み運動と呼ばれる。それは［水底で］反射した水が、ともに沈んだ空気を再び水面に運ぶ際に行なう運動である。

（紙葉42表）

水が他の水の上に落下すると、それを打撃して突き抜けるが、その〔末端部〕周縁部の末端から遠い部分［中心に近い部分］ほど、下降して深く沈む。ついで、それは背後に反射して、錐揉み運動をしながら水面に戻る。ただし、この水は〈空中を立ち昇る〉煙の場合と異なって、気泡、すなわち空気の詰った泡で満ちているために、二重の勢いによって運ばれて水面に戻る。すなわち、空気の自然な勢いと泡を動かす水の勢いによってである――

小さな輪の波は、大きな輪の波よりもつねに大きな基底と高い山を持つ。したがって、それはその他の波よりも永続するので、大きな輪となる。その他の波の場合は、波と言うよりむしろ水の表皮の皺と言った方がよい。というのは、波は水の表皮に円環状の皺をつくる原因であって、その皺は波に押されてできるからである。上述の場合に見られるように、ごく低い［高さから…の上に］落ちる水滴が生む素晴らしい効果を観察せよ［…］

（紙葉44表）

渦巻き運動には三つの種類がある。すなわち、単純運動、複合運動、および二重複合運動である。単純渦巻き運動は前述の他の二種類に比べて大きな動きを持つ。複合運動は、二つの相異なった速さの運動から成る。すなわち、その第一の運動は、その発生時にそれを動かす運動であり、それはその運動の生じた川や濠の全体的な運動とともに縦方向に進む。第二の運動は、上下に行なわれる運動である。第三の種類のものは、三つの相異なった速さの運動から成る。(空洞)すなわち、それは前述の複合運動の二つに第三の運動が加わったもので、その第三の運動は、既述の二つの中間の遅さを持つ。(紙葉45表)

《洪水》『ウィンザー手稿 第Ⅱ巻』12380/英国ウィンザー城王室図書館

水の波の運動が毛髪の運動に似ていることに注目せよ。毛髪は二つの運動を持つ。そのひとつは髪の重さに従う運動であり、他は巻毛の線に沿って進む運動である。同様に水も渦巻きを作り、一部は主流の勢いに従って進み、他は入射運動と反射運動を行なう。(紙葉48表)

9 『解剖手稿A』

一五一〇年
五八歳

『解剖手稿』には、A、B、CⅠ、CⅡ、CⅢの五種の手稿があるが、ダ・ヴィンチによって別々に書き表されたものではなく、編集する者の編集の時期的な都合で分けられている。AとBは同じ編者で、時期がずれており、CⅠ、CⅡ、CⅢは別の編者でA、Bに収録できなかったものを集めて入れているため、個々の図のダ・ヴィンチの推定執筆年代にもばらつきがある。

『解剖手稿』全体は、およそ一四八五年～一五一五年におよぶ試みで、ダ・ヴィンチの手稿の中では最も長期間の月日が費やされた作業である。当初は、人間の視覚神経系への関心から、ともかくも頭蓋骨のような高度認知機能を担う器官が描かれている。それらの素描をもとに、ほぼ二〇年後に描写を入念に仕上げ、言葉での解説を付けるというような作業も行われている。

『解剖手稿A』は、人体骨格系や筋肉系のような、見た目にもうまさの際立ったデッサンが集められている。腕の骨格の屈曲位、回外位、内回位でのさまざまな状態、老人の横顔、尺側皮静脈、大腿から爪先までの足、左足かかと、胸部を構成する骨等のデッサンがある。

また『解剖手稿B』には、神経系や血管系や臓器の描写が多い。たとえば顔の血管を示す素描、消化管、腕の神経叢、血管、気管、食道の模式図、腰神経叢、大腿骨、大腿の血管、大伏在静脈、骨盤の動静脈の分岐図、鼠径部から臀部への血管、心臓と大血管、門脈と腹腔、腎臓、肝臓、脾臓の血管、尿管、脳脊髄、脊髄神経の素描等々が含まれている。

『解剖手稿C』は、それら以外の多くの余禄である。たとえば『CⅠ』では子宮と胎児の血管、横隔膜と胃の模式図等、『CⅡ』では心臓の弁と血流、肺動脈弁と大動脈弁等、『CⅢ』では外部生殖器と膣、妊娠初期の子宮等が描かれている。

また多くの概説書で採録されている「男女の性交の半截図」はここに含まれている。ダ・ヴィンチが描くと過度にヴィヴィッドである。プラトンの『ティマイオス』に言及されている事態からイメージ図を描いたものだとも言われるが、ともかくもイメージの鮮明さは、ダ・ヴィンチに固有のものである。それ以外に、男の生殖器、精巣、精管、脈管もある。

この『解剖手稿』は、ダ・ヴィンチのデッサン力と観察力の卓抜さが、これでもかというほど溢れている。記述の詳細さや精確さでも数世紀を飛び越えてしまっている。いわゆる真似のできない作業になっている。ダ・ヴィンチの後、約半世紀を経て、ヴェサリウスが「解剖学」を近代科学的な装いで仕上げていくが、おそらくヴェサリウスは、ダ・ヴィンチの手稿を見る機会はなかった。ヴェサリウスでさえ、まだかなり幼稚な解剖図を描いている。というのもヴェサリウスが手本にした中世の解剖学者であるガレノスの書き直しが多く含まれているからである。

ダ・ヴィンチの時代の後半に、実際に解剖を行い、実検できるようになった時代背景の変化も大きい。教会から融通される死体が、比較的容易に手に入るようになっていた。ダ・ヴィンチは動物解剖も行っており、比較解剖学を企てる予定だった。
その比較解剖学の構想も、ダ・ヴィンチらしい。比較解剖学といえば、各動物の骨格を中心とした配置図の比較である。ところがダ・ヴィンチはそうしたやり方とは異なったことを考えていた。

人と他の動物たちの四肢すべての部分の図解のあとに、それらの四肢がどのようにうまく動くのかを描くこと。つまり横たわった状態から起き上がる、歩く、走る、跳ぶ等の行為を異なった観面から描くこと。
（紙葉11裏）

身体動作の比較は、特定の観点からではなく、面と面を比較するような「観面」となる。マトリックスとマトリックスを対比するようなやり方である。こうした考察方法は、身体の動きから解剖学的な構造を考えることにつながっている。それは構造機能論ではなく、機能構造論に近い。
ダ・ヴィンチの自然学の研究の中で、人体解剖学は最も長期にわたり、持続的に行った研究である。そのためダ・ヴィンチ自身も、相当に自負があった。

この我が労作によって自然の驚くべき作品を考察する者よ。それを破壊することを非道とするなら、人間の命を奪うことはこの上なく非道なことではないか。そしてこの人体の構造が驚嘆すべき巧みの産物であると思われるとしても、この建築物に住まう魂に比べたら無に等しいと見なすべきなのだ。それが何であるにせよ、魂はまことに神聖なものである。だから、好きなようにその作品の中に住まわせておくがよい。そして君の怒りや悪意が、そうした命を破壊することのないようにせよ。まことに生命を尊重しないものは生きるに値しない。魂はこれほどいやいやながら肉体から離れてゆくのだから、その嘆きと苦しみが理由なきものとは到底思えないのだ。健康を維持するように努力せよ。そうするには、医者に近づかないようにすればするほどうまくいくだろう。医者の作る薬は錬金術のようなもので、錬金術の本ときたら医学の書より数多くあるのだから。（紙葉2表）

首には四つの運動がある。第一は顔を上げる、第二は顔を下げる、第三は左右に回す、第四は頭を左右に曲げる運動である。混合運動もあり、片耳を肩に近づけて顔を上げ下げするもの、同様に顔を一方の肩の方に回して上げ下げするもの、また一方の目をもう一方の目より上げたり下げたりしながら、顔を一方の肩のほうに向ける運動もあり、これを複混合運動と呼ぶ。こうした運動には、その原因をなす腱や筋肉が振り当てられることになる。（紙葉4表）

［あらゆる四肢の運動の原因を図示する方法について］
最初に、いわゆる上腕骨を動かす筋肉を描け。次に、その上腕骨に腕を伸ばしたり曲げたりする運動の筋肉を描け。次いで、その上腕骨に生じる筋肉で、手を上下にひっくり返すとき、腕を回すためだけに役立つ筋肉を別個に示せ。続いて、指は動かさずに、手を上下、前後に動かす筋肉だけを腕に描け。さらに、指だけを動かす筋肉、つまり握ったり伸ばしたり、拡げたり寄せたりする筋肉

を描け、しかしまず、宇宙誌でやるように全体像を描き、それから上述の部分に分けよ。腿、脛、足についても同じようにせよ。

［人間を器具として論ずるか、否か］

筋肉は、たいていの場合、それが付着している部位を動かすのではなく、その筋肉から生じた腱が結びついている部位を動かすのである。ただし呼吸のために肋骨もち上げて動かす筋肉は除いて。すべてのこれらの筋肉は肋骨をもち上げるためにあり、肋骨をもち上げることは胸を拡張し、肺を拡げるということであり、また肺を拡げるということは空気を吸い込むこと、つまり増大した肺の容器に口から空気を入れることである。

（紙葉16裏）

解剖図は、デッサンのうまさだけでは、いずれにしろ限界に当たる。解剖学では、人体の構造的な作りと機能的な働きの二つの要素にかかわる。たとえば心臓の構造的な作りをどのように精確でかつ詳細に描こうとも、「血液循環」のような機能性を導くことはない。こうした機能性については、別の調べ方をしなければならない。人体の構造と機能は、一対一対応をしないのだから、構造的な図柄を可能な限り詳細に描くとともに、機能（働き）側の知見を参照しながら、さらに構造的な作りを詳細に描き、それをもとに機能を分析的に調べていく作業が必要となる。とりわけ筋肉や骨とは異なり、内臓系や神経系は、構造と機能がそれぞれ詳細になっていくプロセスを経ることになる。構造的な作りについての観察と、それらがかかわる機能についての考察は、相互に他を前提にして進められるような「相互補完的なプロセス」を経る学問である。そのため時代を重ねるように少しず

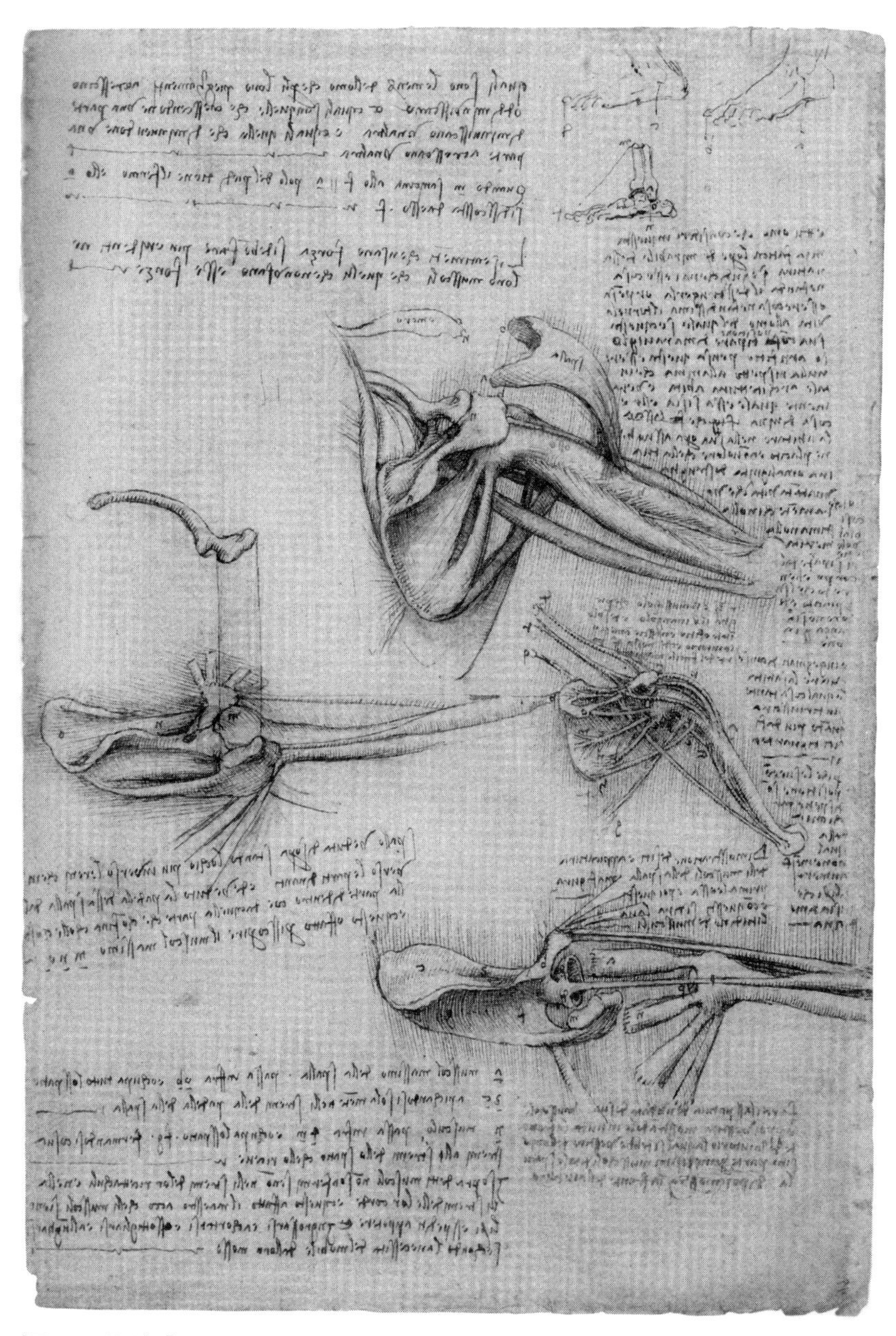

《肩の骨と筋肉》『ウィンザー手稿 第Ⅲ巻』19001表／英国ウィンザー城王室図書館

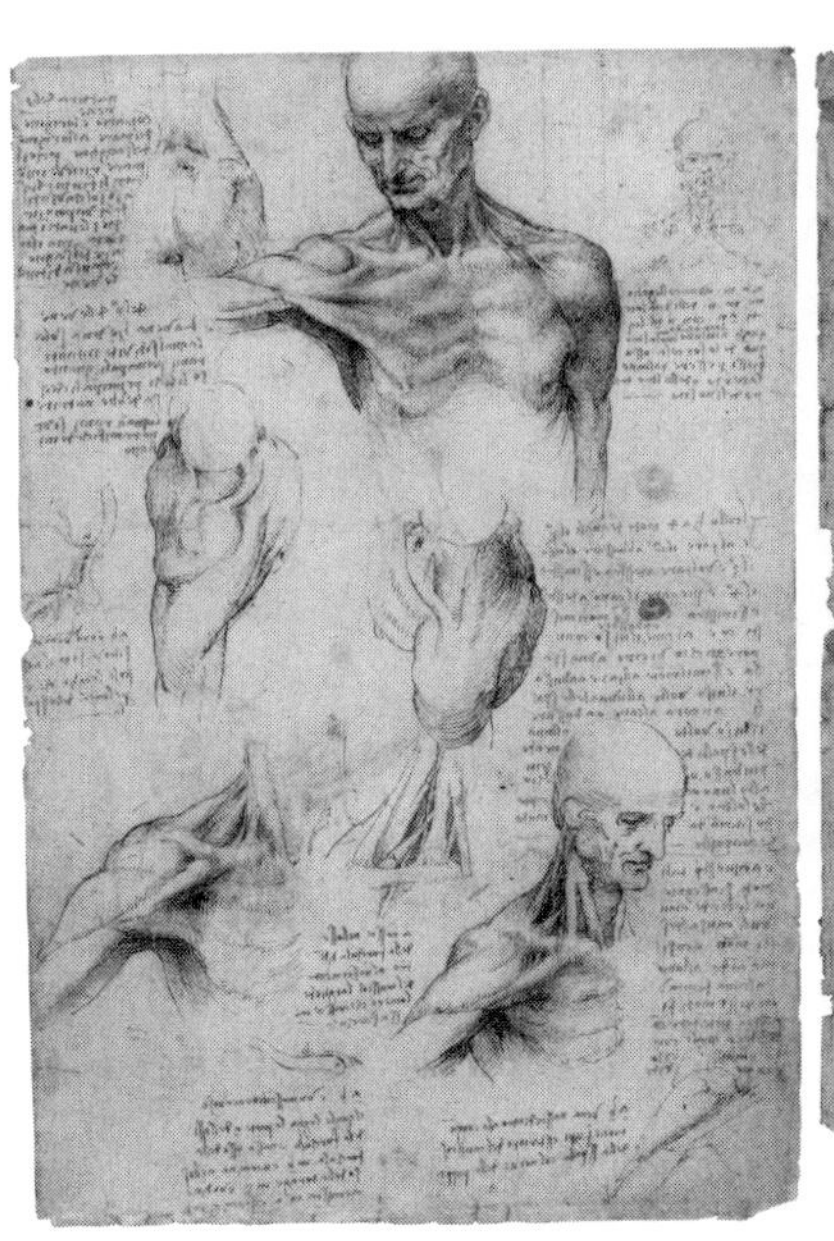
《肩と首の体表の解剖》『ウィンザー手稿 第Ⅲ巻』
19003表／英国ウィンザー城王室図書館

《脊椎上部の筋肉》『ウィンザー手稿 第Ⅲ巻』
19015表／英国ウィンザー城王室図書館

つしか進まない面がある。それは学問の作りからやむないことなのである。

それでも肩の筋肉や上肢の運動については、ダ・ヴィンチの手稿で示されているように、分析方法と表現方法の大幅な改良があることは間違いなく、また肝臓内の静脈分岐にも詳細で明確な注意が向いている。気管支の末端は肺静脈に直接つながることはない、というような精確な記述も見られる。

人体の分析は、ダ・ヴィンチの手稿では、力学的な仕組みで人体を捉える方向性はとても明確であり、それは総体として人体を機械として捉えることでもある。だが内臓系は、構造部材であるとともに、生化学的な働きをしているのだから、多変数関数を解くような作業が必要となる。

10 『絵画の書』

メルツィ編

唯一、著書として構成された手稿であり、弟子のメルツィによって編集され、ながらくヴァチカンの図書館に眠っていた。この原稿は一九世紀はじめに発見され、後に公刊された。発見以前にも、こうした著作があるという噂は広く流布していたらしく、部分的に引き写し再編された別ヴァージョンが多数あると言われている。

またイタリア語原本はメルツィが書き写したもので、『ウィンザー手稿』や『パリ手稿E』から書き抜いたものが多く含まれているためか、記述には重複が多い。またどこから書き抜いたものか不明な箇所も多くあり、アルベルティの『絵画論』からの書き抜きであることがはっきりしている箇所もある。だがこうした書き抜きは、ダ・ヴィンチ自身によって行われたのか、メルツィによって行われたのかは、確定しようがない。ダ・ヴィンチ自身が書いた元の草稿は失われているものが多い。メルツィが書き残しているために、純粋にダ・ヴィンチの草稿だとは言えないが、それでも「ダ・ヴィンチ的手稿」であることは、間違いがない。

絵画は、中世の大学では自由七科に入っておらず、正規の教育課程科目には入っていない。そのため「絵画」を音楽と並ぶ「学問」として成立させる意図で作られた著作だとも言われている。絵画を学び、絵画に習熟していくための教育用の教科書のようにも読める。あるいは自分の絵画の技法を公共化するために、細部にいたる記述をまとめておいたものだとも読める。絵画のための教本であることは、はっきりしている。

章立ては、八部からなる。最大の分量を占めるのが第五部であり、全体の三割に近い。

第一部　詩と絵画について
第二部　画家の教則について
第三部　人のさまざまな情動と運動、および四肢の比例について
第四部　衣装について。人物像を優美に装わせる方法について。衣装と布地の種類について
第五部　光と影について
第六部　樹木と植物について
第七部　雲について
第八部　地平線について

ここでは、ダ・ヴィンチの構想がくっきりと輪郭を結ぶような箇所や、ダ・ヴィンチの経験の仕方がクリアーに出るような箇所を取り出してみる。将来画家を志す人のために書かれている部分も多く、ダ・ヴィンチから見た「必要とされるエクササイズ」が盛り込まれている。

こまごまとした論点について網羅的に扱うことはできないが、経験の仕方の基本線は取り出せると思う。

［第一部］

この第一部では、絵画を音楽に並ぶ専門学問分野として成立させ、哲学との違いを明確にするための基本的な事柄を、かいつまんで述べている。絵画は、たんに職人の技法に留まるのではなく、固有の「科学」として成立するという力強い宣言でもある。絵画はどのような科学であるのか。この問いに対して、展開可能性を含んだ科学としての絵画という領域設定がなされているのである。

絵画という科学は何を扱うのか

絵画という科学は、さまざまな表面が持つすべての色と、それらの表面が覆っている物体の形姿を扱い、さらにそれらの物体の遠近感を扱う。その遠近感は、距離の度合いに応じてしかるべき度合いで縮小することによって示される。この科学は、視線の科学である遠近法を生んだ母親であり、その遠近法は三部分に分かれている。その第一部は、物体の輪郭線のみを扱う。第二部は、さまざまな距離における色彩の減衰を、第三部は、さまざまな距離における物体の接合個所の消失を扱う。さて、第一部は物体の輪郭線や縁のみを扱うが、それは素描と呼ばれる。すなわち、あらゆる物体の描画である。ここからもう一つの科学が生まれる。それは光と影、換言すれば明暗を扱うもので、この科学については、論じるべき問題が沢山ある。［6］

絵画は、自然の作り出したありとあらゆるものの表面の大きさと色彩と形態を取り扱うのに対し、哲学は、その同じ物体の内部に侵入して、それらの固有の能力を考察するので、画家の考察する真実だけで満足することはない。だが、画家が扱うのは、これらの物体の第一の真実である。というのは、眼は、誤ることの最も少ない感覚器官だからである。［10］

絵画は詩よりも高貴な感覚器官に仕えているので、画家は自然の作品の像を、詩人よりも迫真的に表現することができる。自然の作品は、人間の作品である言葉よりはるかに高貴なものだからである。というのは、人間の作品と自然の作品の間にある比は、人間と神の間にある比に等しいからだ。［14］

というのは、生まれつき目の見えない人は、世界の美を構成している光、闇、色、物体、形姿、場所、遠、近、運動と静止という一〇種類の自然の装飾物をいっさい見たことがないからである。一方、耳の聞こえない人は、高貴さの劣る感官を失っていて、人が話すのを聞いたことがないので、自分で話す能力も失っていて、いかなる言語も学ぶことができなかった。だが、このような人は、耳が聞こえて話すことができる人よりも、人の体内に生じるすべての情動をよりよく理解するだろう。［20］

絵画の次に来るのは彫刻である。これもきわめて優れた芸術であるが、その制作には、絵画ほど卓越した才能を必要としない。というのは、彫刻には、画家が自分の芸術で用いている二つの主要な要素を備えることが、きわめて困難だからである。それは、遠近法と光と影であるが、彫刻はこの二つの不足を自然に補ってもらっている。さらに彫刻は色を模倣することがないのに対して、画家は光に影が伴っている様を、色で表現しようと努力するのである。［31a］

［第二部］

また第二部の画家の教訓は、絵の描き方の手ほどきというよりも、見ることの訓練にかかわっている。見えるものをまざまざと見えるようにする訓練であり、さらには見えないものを可視化する訓練であり、見えないものを見えないまま像にし、見えないまま感じ取る訓練である。ここには見ることの多くの技法が含まれているが、それはすなわちダ・ヴィンチ自身が行ってきた工夫の凝縮でもある。多くの箇所で、観察した場面を繰り返し想起し、想起像を詳細にしていく手続きが取られている。ダ・ヴィンチの記述は、観察とイメージの相互循環が、明確な輪郭をもつまで繰り返された「見ることの訓練」の成果でもある。

戦闘場面はどのように描くべきか

土煙は土であって重さを持つから、たとえ微細なために容易に舞い上がって、大気と混じり合うとしても、おのずと下の方に戻ろうとする傾向を持つ。その最も高く上昇した部分は、最も微細な土からなるので、その個所は最も見分けが付きにくく、ほとんど大気の色と同じく見えるだろう。空中で土煙と混じり合った硝煙は、ある程度の高さまで上昇すると、黒い雲のように見え、その煙の

頂きは、土煙の頂きよりもはっきりと見えるだろう。硝煙は青味がかった色になり、土煙は土の色を帯びるだろう。［148］

人物像は正面から光を受けるべきか、それとも側面から受けるべきか。そのどちらが大きな優美さをもたらすか

両側面を暗い壁で遮って、その間に顔を置き、正面から光を受けるなら、その顔が大きな立体感を持つ原因となるだろう。上方からの光も受けているなら、とりわけそうである。このような立体感が生じるのは、顔の前面部が、それと向かい合う大気の遍在的な光に照らされているからである。その結果、その照らされた部分の縁は、ほとんど知覚できない影をもつことになる。［155］

反射光について

第一、物体の表面は、対象の像が、より垂直に近い角度で物体に反射するほど、強くその対象の色に染まる。

第二、向かい合う物体の表面に、さまざまな対象が垂直の角度で自分の像を反射している時には、より近い距離から反射光線を放つ対象の色ほど、強力になるだろう。

第三、向かい合う物体の表面に、さまざまな対象が等しい距離から垂直の角度で反射している時には、より明るい色のものほど、強力になるだろう。

第四に、自分の周囲に自分の像の色以外の色がない対象は、向かい合う物体に自分の色をより強

力に反射する。〔168〕

色どうしを互いに組み合わせて、一方の色が他方の色に優美さをもたらすようにする方法について

ある色を他の色に近付けて、隣り合った色に優美さをもたらすようにしたいなら、太陽光線がイリス、つまり虹を発生させる際に見られる規則を用いよ。……まだ第二の規則が残っている。それは、色自体をその本来の美しさよりも美しく見せる規則ではなく、色どうしが互いに優美さをもたらし合うような色の組み合わせの規則である。たとえば緑が赤に対して、また赤が緑に対してするように、色どうしが互いに相手の色に優美さをもたらすのであり、緑と青の場合も同様である。〔190〕

さまざまな色の上に、透明な色を重ね塗りする時の色の変化と、そのさまざまな上塗り効果について

ある透明な色を別の色の上に塗り重ねると、それによって色が変わるが、その時は、それぞれの単純色を混ぜ合わせた時とは異なる混合色になる。これと同じ現象は、暖炉から出る煙の色に見られる。その煙は、暖炉の黒を背景にする時には青く見え、大気の青さを背景に立ち上る時には、灰色か赤味がかった色味に見えるのである。〔205〕

無限に広がる色どうしの混合について

黒と白は、その一方は闇で、他方は光、つまり一方は色を奪い、他方は色を発生させるものであるから、これらは色の数に入らないが、だからと言って、わたしはこれらを捨て置くつもりはない。というのは、この二つは、絵画の主要な二色であり、絵画は光と影、つまり明と暗でできているからだ。黒と白の後には、青と黄、次いで緑とライオン色、つまり栗色ないしは黄土色、次いで褐色と赤が続く。以上が八つの色で、自然界にはこれ以上の色がないので、わたしはそれらの混合から始める。〔213〕

［第三部］

人間を描くさいに、ともかく明確な特徴を摑まえるための観察ならびに観察の訓練が必要となる。ことに人体だと、関節に特徴が出やすい。このあたりの記述は、解剖学を同時に手掛けていなければ実行できないようなものが多い。筋肉の動きも細かい観察が必要となる。動作には、個々の動作がまぎれもなくこの動作であるような特質がある。それらを精確につかんでいかなければならない。

幼児にあっては、関節の太さが、成人と逆なのはなぜか

小さな幼児の関節はすべて細く、関節と関節の間の部分は太い。このようなことが生じるのは、関節の上には皮膚だけがあって、肉の盛り上がりはなく、しかもその皮膚は腱の性質を持っていて、骨全体を取り巻いて緊縛しているのに対し、関節と関節の間では、皮膚と骨の間に体液を含む肉質があるからである。だが、関節部の骨は、関節と関節の間の骨よりも太く、人の成長とともに、皮膚と骨の間にあった贅肉は失われるようになり、皮膚は骨にいっそう接近し、四肢は細くなる。一方、関節の上には、軟骨性で繊維性の皮膚しかないので、干涸びることがなく、干涸びないので痩せることがない。[265]

手と腕をつないでいる関節について

腕と手をつないでいる関節は、手を握り締めると縮小し、手を開くと太くなる。肘と手の間の前腕部は、そのすべての側でそれと逆になる。このようになるのは、手を開くと内側の筋肉が弛緩して、肘と手の間の前腕部が細くなるからであり、また手を握り締めると、内側と外側の筋肉が収縮して太くなるからである。だが、外側の筋肉だけは、手の屈曲によって引っ張られるので、骨の位置からずれる。[273]

肖像の構成部分とその違いについて

顔の中央に隆起する鼻の上下の部分は、八つの種類に分かれる。つまり、上下の部分が一様に真っ直ぐなものか、一様に凹形なものか、一様に凸形なものかである。これが第一。あるいは、上下部分が一様に真っ直ぐでも、一様に凹形でも、一様に凸形でもないものである。これが第二。あるいは、上の部分が真っ直ぐで下の部分が凹形。これが第三。あるいは、上が真っ直ぐで下が凸形。これが第四。あるいは、上が凹形で下が真っ直ぐ。これが第五。あるいは、上が凹形で、下が凸形。これが第六。あるいは、上が凸形で下が真っ直ぐ。これが第七。あるいは、上が凸形で下が凹形。

人体がさまざまな動作をする際に、消えて見えなくなる筋肉はどれか

腕を上げたり下げたりすると、乳房のふくらみが消えたり盛り上がったりする。腰を外屈したり内屈したりすると、その腰のふくらみも同様になる。肩と腰と首が、他のいかなる関節にもまして大きな変化を生むのは、それらが最も変化に富む運動をするからである。〔288〕〔332〕

動物の動作について

二足歩行をするすべての動物は、動く際に、地面を踏む足の上にある上半身の側よりも、上げた足の上にある側の方を低くするが、頭頂部の左右はその逆になる。このような例は、人が歩行する際の腰や肩に見られる。また鳥類においても、その頭と尻尾で同じことが見られる。〔374〕

ある物体を激しい勢いで遠くに投げようとする人物像について

槍や石やその他の物体を激しい勢いで投げようとする人物像は、主に二つの状態で描くことができる。つまり、その運動を起こす準備体勢にある人物像を描くか、あるいはその運動を終えた体勢にある人物像を描くかである。だが、もし君が運動を起こす準備体勢を描こうと思うなら、軸足の内側が胸と同じ線上に来るようにし、肩がその足の上で十字に交差するようにせよ。つまり、右足がその人の体重の下に来るならば、左肩がその右足の先端の上に来るようにせよ。〔392〕

以下（第四部から第八部）では個々の場面での絵画作成のさいの注意項目が、できる限り詳細に述べられていく。いくぶんかすでに常識になっているものもあるが、事物の観察という点で、ダ・ヴィンチの資質がよく出る部分を取り出してみる。

人が跳び上がろうとする時に行なう三つの動作について

跳び上がろうとする人の爪先が、地面から離れようとする時には、頭は、踵より三倍速くなり、腰よりも二倍速くなる。このようなことが生じるのは、一挙に三つの角度が真っ直ぐに伸びるからである。その最も上の角度は、胴体と大腿の前面が作る角度であり、第二は、大腿の後面とふくらはぎが作る角度であり、第三は、すねと足の骨が作る角度である。［401］

よい絵画はどのようにして見分け、よい絵画であるためにはどのような特徴を持たねばならないか

よい絵画かどうかを見分けるための第一の判別法は、動作がその動作主の心と合っているかどうかである。第二は、物体の立体感が、距離に応じて強まったり弱まったりしているかどうかである。第三は、それぞれの四肢の比が、体全体の比例関係と合っているかどうか、第四は、場所の高貴さが、そこで展開される高貴な出来事と合っているかどうか、第五は、体全体がそれぞれの四肢の体質と合っているかどうか、つまり、優美な体には優美な四肢を、逞しい体には逞しい四肢を、肥満した体には肥満した四肢を、というようになっているかどうかである。［409］

線遠近法について

線遠近法は、視線の働きと関わっており、第一の物体より第二の物体がどれほど小さくなるか、第二の物体より第三の物体がどれだけ小さくなるか、というように、段々と見られるものの終りまでを、寸法で示すものである。わたしは経験によって、第一の物体から第二の物体までの距離が、君の眼から第一の物体までの距離と同じで、その両者の大きさも同じなら、第二の物体は第一の物体の半分の大きさになることを知っている。〔461〕

霧の中で眺めた物体について

霧の中で眺めた物体は、その実際の大きさよりもはるかに大きく見えるだろう。このようなことが生じるのは、眼とその対象の間に介在する媒体のせいで、対象の色彩遠近法とその大きさの遠近法が一致しなくなるからである。というのは、この霧は、晴れた日に、眼と地平線の間にある霞んだ大気と同じような役目を果たすからだ。〔462〕

煙について

煙は、その膨らみの中心部よりも、その周縁部の方が透明で暗い。

煙は、それを動かす風が強く吹くにつれて、大きく傾斜して移動する。

煙は、それを生み出す物質が多様であるほど、多様な色になる。

煙は、縁の明瞭な影を作らない。その縁は、煙の発生源から遠ざかるほど、不明瞭になる。煙の向こう側にある物体は、煙の群が濃密になるほど、不明瞭になる。煙は、その発生源に近いほど白く、終端に近いほど青くなる。火は、眼とその火の間に大量の煙があるほど、暗く見えるだろう。[470]

衣装について

衣装は、その材質に従って、さまざまに異なった襞を付けるようにしなければならない。つまり、もし布地が厚くて目が粗ければ、マカロニのような丸い襞になり、もしそれが中位の厚さで目が詰まっているなら、山が鋭角に折れて両側が平らな襞ができるだろう。とりわけ君が銘記しなければならないのは、どのような種類の布地でも、その折れ目と折れ目の間にできる襞は、その中間部が厚くて、折れ目に近い方が狭まっており、その襞の幅が最も狭まった個所は、折れ目が丸まった角の真ん中にあることである。[534]

影という存在そのものについて

影は、普遍的なものが持つ性質を備えている。普遍的なものはすべて、始まりが強力で、終りになるにつれて弱まる。わたしは、眼に見える形象や眼に見えない性質のうちで、強力な始まりを持つすべてのものについて述べているのであって、始まりが小さくて、時とともに大きくなるもの、たとえば巨大なカシの木のように、小さなドングリというひ弱な始まりを持つものについて述べているのではない。むしろわたしは次のように言おう。カシの木は、大地から生える始まりの個所、つまり、その太さが最大になる所が最も強力である、と。それゆえ、闇とは、第一級の影のことであり、光とは、最後の級の影のことである。［548］

二種類の影について、影は全部でいくつの種類に分かれるか

影は二種類に分かれる。その一方は単純影と呼ばれ、他方は複合影と呼ばれる。単純影とは、単一の光と単一の物体によって生じる影であり、複合影とは、複数の光によって同一の物体に生じる影か、あるいは複数の光によって複数の物体に生じる影のことである。［553］

単純影は二種類に分かれる。つまり、始源影と派生影である。始源影とは、物体の表面に張り付いた影のことであり、派生影とは、前述の物体から発して、大気中を走る影のことで、もしそれが障害物に出会うと、その場所に停止して、そこに自分の基底部の形を投影する。［553a］

照らされた部分と同時に生じた影ではない影について

あらゆる物体の表面は、その対象の色に染まる。それゆえ、照らされた顔面の色が、黒い色の対象と向かい合っているなら、黒い影に染まるだろう。黄や緑や青など、他のあらゆる色が対置されても、同様になるだろう。このようなことが生じるのは、あらゆる物体が、自分の像をその周囲の大気全体に送るからである。以上のことは、遠近法で証明されており、太陽の実験によって観察することができる。それによれば、太陽と向かい合うすべての対象は、太陽の光に染まって、その光を他の対象に反射しており、月やその他の星に見られるように、それらは太陽から受け取った光を、われわれに反射しているのである。それと同じことを闇もしている。というのは、闇は自分の内に閉じこめているものを、自分の暗さで包んでいるからである。
［644］

同じ強さの光を受けていても、より強く照らされるのは物体のどの部分か

遠くにある物体は、曖昧で不確かに見える。だから、遠くにある物体は、そのとおりの曖昧さで描け。さもないと、その物体は、同じ遠さにあるように見えないからである。したがって、その輪郭を明確な輪郭線で描いてはならない。というのは、縁というものは線や角であって、最も微小なものであるので、それは遠くからだけでなく、近くからでも見えないものだからだ。

数学で言う線や点は見えないものであるが、物体の縁も線であるから、それはたとえ近くからでも見えない。それゆえ、画家よ、眼から遠くにある物体の縁をはっきりと描こうとしてはならない。そのような距離では、その縁だけでなく、物体の部分さえ知覚できないからである。

照らされたすべての物体は、それを照らすものの色に染まる。

影を受けた物体は、それを暗くした対象の色を保持している。

照らされた対象の明るさが強いほど、それを背景にした物体は暗く見える。
［694 f］

樹木のさまざまな枝分かれの仕方について

樹木の枝分かれの仕方は、三種類ある。その一つは、一方も枝は東に、他方は西にというように、二つの反対方向に、しかも互いに向かい合うことなく、反対側の枝と枝の中間に自分の枝を出すものである。もう一つは、二本ずつ向かい合って枝を出すが、最初の二本が東西に伸びるなら、次は南北に伸びるものである。第三は、常に一番目の真上に六番目の枝が来るように、順々に続いて行くものである。［845］

雲のでき方について

雲は、大気中にある湿気によって作られる。湿気は寒さによって集合し、さまざまな風によって大気中を運ばれる。このような雲は、それができる時や消える時に、風を発生させる。雲ができる時に風が発生するのは、蒸発して拡散していた湿気が、集合して雲を作る際に、それが逃げ出した場所に空虚を残すからである。だが、自然界に空虚は存在できないので、逃げる湿気の周囲にあった大気が、その発生しかかった空虚を埋める。この大気の運動が風と呼ばれるものである。だが、その雲が太陽の熱で溶けて、大気になる時には、その逆の風が発生する。それは、生成した雲が、蒸発してなくなることによって生じる風である。以上の二つの偶発的な出来事が、前で述べたように、風を発生させる原因なのである。［928］

デッサンは、直接物事を眼に見えるようにする固有の表現技法である。表現されたものには、作家の膨大な経験が含まれ、作品に息づいている。その意味で成立したいっさいの表現は、そのさいに経験されていることから切り離され、不連続になって「作品」として自立していく。後世の人たちが受け取るのは、膨大な試行錯誤の結果と成果だけである。表現された作品に触れるだけでは、その作品を手掛かりにさらに進むことのできる人は稀である。

そこで制作のさいの経験の試行錯誤のさまざまな面を取り出して、言葉として語っておくことは、後の制作のさいの手掛かりを二重に残していくことでもある。一度読めば、それで理解できるということばかりではない。訓練の進行に合わせて、何度でも立ち返るように読むことができる。

作品についてダ・ヴィンチが自己評価を行うことは、ほとんどない。それはむしろ鑑賞者や評論家の仕事である。むしろ制作のプロセスの各段階での「コーチ」役の作業が、ダ・ヴィンチの言葉での表現である。作品を描きながら、多くの人にとっても有用なコーチを自分で設定していたのである。

第Ⅲ章 ダ・ヴィンチ的科学

――人類史の不連続点

ダ・ヴィンチ自然学の基本性格は、いったい何だったのか。おそらく誰もやらなかった方法で、誰もやらなかった自然学を実行したのである。

この事態は、過去形ではなく、現代にも、そしていま現在にも当てはまっている。そのためこうした固有な構想は、いまだ歴史的配置が効かない。その意味では、ダ・ヴィンチの構想は人類史の不連続点である。

だがダ・ヴィンチは、自分の構想がうまく形成できれば、普遍的な学問として成立させることができるという確信に近い思いを抱いていた。ダ・ヴィンチ自身がそうした構想そのものについて明示的に語っているのではないが、予感のようなかたちで、ダ・ヴィンチはそうした構想ができると感じていたように思われる。そして約五〇〇年経過してようやくそれが実行できそうな局面に来ているように思われる。

そうした壮大な現代の物語の一部を書き出してみようと思う。

ダ・ヴィンチ的科学について、そこで実行される手続きの特質を考察する前に、認知的な面だけを取り出してみる。この自然学で最も活用されている認知能力は、イメージである。イメージは、一般に知覚の広大な裾野を形成している。知覚は、真偽を問うことのできる尖鋭化した能力である。

ところがダ・ヴィンチの主要テーマである物事や生き物の「動き」を、知覚は精確に捉えることができない。知覚は、動きの結果を捉えることはできるが、動きそのものを捉えるには、ほとんど適合性がない。そうした場面でイメージに対応する手法が、ダ・ヴィンチの場合、デッサンであり、デッサンの詳細さを支えるのが力学的考察である。この力学的考察が、言葉で書き記されている。

1 ダ・ヴィンチ的科学の特質

歴史的な「踏み出し」と「ダ・ヴィンチ的経験」の神髄

ダ・ヴィンチが実行してきた科学の特質について、すでにおぼろげながら輪郭が見えてきた。この科学の成り立ちには、ダ・ヴィンチのデッサン力を最大限活用するという方向性が、第一の条件となっている。武器の収集も、植物の姿かたちも、渦巻も、ともかくデッサンをするという方向で進んでいる。現代的に言えば、直接画像を描くのであり、人間の眼で見える以上に、現実的な像を描くのである。少なくとも運動の姿は、直接見えるものではなく、かりに見えたとしても、運動のごく一部しか見ることができない。それが運動の「類型」であり、知覚にとっての大まかな要約である。

運動は、それとして進行し続ける。運動の類型であるパターンが見えたとしても、まだ見えていない運動は無数にある。

動きのかたち

ダ・ヴィンチの注意が向いているのは、事物の動きであり、「動きのかたち」である。たとえただの物質であっても、それは「動きの過少」という「動きの姿」をしている。そうなると事物のかたちを描くのではなく、個物の動きがそれとして感じられるようにデッサンしなければならない。これがダ・ヴィンチの開始した新たな現実の切り取り方であり、それを直接像として描くという、いわばデジタル的な試みだったのである。これが「デッサンの詩学」と呼ぶことのできる第一の座標軸である。

このデッサンのためには、事物や動きの本性を、可能な限り詳細に調べ上げ、力学的な仕組みを背景として考案していかなければならない。ダ・ヴィンチ自身が、言葉からではなく、自然から学ばなければならないと繰り返し述べているように、事物や物事の本性に向けてともかくも自然学的な解明を進めなければならない。

デッサンを描くという目標に進むさいにも、詳細に事物の本性を知るという探究が進行した。だがデッサンに描いたのでは、そうした事物の仕組みの断面しか描くことができない。この断片が物事の本性を表すためには、本性そのものを深く考察していかなければならない。

そうなるとデッサンを描くという課題とは直接連動しない「事物の探究」という領域が広大に広がっていることがわかる。この探究が実際に膨大であり、かつ独立して成立する。これによって「科学者ダ・ヴィンチ」が成立している。デッサンの詩人であったダ・ヴィンチは、デッサンから限りなく遠くまで進み、並行して科学者になったのである。

結果として現代風に見れば、科学的な探究が、図解付きで述べられているように見える。そうしたヴィジュアル科学が、意図せず出来上がった。これがダ・ヴィンチが「万学の天才」だと呼ばれる理由でもある。そのとき何が探究対象となったのかが問われる。

物事を見るさいに、事物のかたちは成立している。ただし、かたちから物を見ているようでは、ただの写生である。ただの物は活用されることもあれば、個物そのものが動くこともごく普通のことである。そうなると個物を「活動態」として見なければならない。回転する歯車も、植物の花も、人間の筋肉も、活動態である。それが自然の本性である。

その活動態の一部が、個物のかたちである。デッサンとして描くとき、かたちしか描けないのであれば、デッサンの技巧が低く、何も見えていない観察になってしまう。活動がそれとして感じ取れるように、局面を切り取るところに、ダ・ヴィンチのデッサンが成立している。

活動態が、どのようにして成立しているか。これがダ・ヴィンチの基本的な問いである。基本的には、相互作用を中心とした、力学モデルを活用している。この相互作用が、どのように続き、どのように変化するのかを中心に考察は進んでいる。

そうなると、そこでは活動の「いかに」が問われており、活動の継続の詳細が観察され、記述されることになった。行われていることは、活動の「いかに」の解明であり、活動の「何故」という原因への問いではない。

言語による考察の道具立ては、アリストテレス的である。ダ・ヴィンチの学習の範囲から見れば、そうなる以外にはない。だがアリストテレスの道具立てを用いても、活動の理由や根拠を重要視せず、活動の「いかに」について語ることはできる。

アリストテレスでは、物事は静止状態もしくは均衡状態が、初期設定モードである。そこから物事が動き出すためには、理由が必要となる。だがダ・ヴィンチにおいては、活動状態が初期設定モードであるため、活動にはその継続の仕組みはあるが、活動そのものには理由は要らない。こうしたやり方が、いろいろな場面で、後の「慣性の法則」に類似した構想への気配を感じさせるのである。

ダ・ヴィンチの場合、デッサンで活動状態を直示することが課題となっており、かりに運動にどのような根拠や理由があろうとも、デッサンの中でそれが書き表わされることはない。活動態のデッサンでは、たとえどのような活動の原因や条件が関与しようとも、活動そのものが描き表わされる以上、デッサンでは原因も条件も、その傍らを通り過ぎ、デッサンそのものの余白に同時に感じ取られるものとなる。

こうした理由から、ダ・ヴィンチの記述は、「活動の何故」を問うところに力点はなく、「活動のいかに」を基本的に問うているために、視点の力点は近代科学にとてもよく似てくる。そのため近代科学の前史に相当するような、さまざまなアイディアや構想をダ・ヴィンチの手稿から読みだすことができ、実際にそうした草稿の読み取りは、繰り返し行われてきた。いわば近代科学の先行者という配置が繰り返し語られることになった。

しかしダ・ヴィンチの物事の捉え方は、活動態そのものの断片をうまく切り取るというデッサンの課題の方にあり、活動態をあらかじめ貫く規則性を定式化することにはなかった。この運動の規則性は、デカルトの運動量の保存則、ニュートンの運動方程式に見られるようなもので、運動そのものの中に含まれる規則性を現象の切り取りとして取り出すものである。

この規則性から見れば、個々の運動は、規則的な運動の一部もしくは特定の変数状態の値として配置される。だが近代法則は、予測には適しているが、個々の運動がどのように進行しているのかについての記述には、ほとんど手掛かりをあたえることはない。運動法則は、結果の予測が実際の結果と合致するように出発点を決めたやり方であり、ダ・ヴィンチからすれば、おそらく「粗雑な定式化」なのである。あらかじめ設定された結果が導かれるように出発点を決めておけば、結果が合うように決まっている。これが近代の機械論や決定論の内実であり、結果の合致から組み立てられた一種の「目的論」になってしまっている。

一般的に、変化や運動の外側に規則性を設定すると、それらの運動がどのように進行しているのかには、もはや注意が向くことはなく、結果が合うかどうかだけが問われてしまう。近代的な科学法則は、個々の運動の「いかに」を素通りして、出発点と結果を結ぶだけになってしまう。この場合、科学法則はたとえ必然的に見えようとも、構造的に多くのことを見落とすように作られている。

少し複雑な系であればこうしたことは起こらない。川の中を流れていく複数の木の葉は、ほとんどの場合、同じ時間に同じ距離だけ流れていく。だが流れていく航路や流れ方には、さまざまな多様性があり、ある場所に到達する「時刻」がかりに同じであっても、同じように流れているわけではない。

冬場に挽肉を料理するとき、塩コショウを降って左右、上下に圧力をかけ、均等に挽肉を揉んでいく。そのとき圧縮をかけたり、引き延ばしたりするが、そのオペレーションがかりに物理的にまったく同じように行われた場合でも、肉全体の中の塩コショウの分布はそのつど変化していく。たとえ結果は同じになる場合でも、そのプロセスで何が起きるかは、多様なモードがある。塩コショウの分布は、この場合、最終的には均質になるが、その間のプロセスは膨大な多様性が含まれる。法則によって示されているのは、結果が同じになることであって、個々のプロセスの中で何が起きるのかは、不明である。科学法則は、ある意味で「過少決定」なのである。

ダ・ヴィンチの手稿で行われていることは、プロセスのさなかでの運動の継続の「いかに」であり、そこには運動の変化も運動の出現も含まれている。そのためダ・ヴィンチの手稿を読み進めることは、正直、いつも苦しいし、何が語られているのか不明な箇所も残る。ダ・ヴィンチの行っていることは「活動の継続」の仕組みにかかわるプロセスのさなかでの考察であり、当然のことであるが、そこには不規則性や多様化の現象も含まれている。その点からも、ダ・ヴィンチの行ったことは、近代科学的な「法則定立」ではない。デッサンで直示するという課題から見れば、近代科学的な普遍法則は、物事の活動の疎遠な外枠なのである。

だが外枠が必要とされる場合がある。物事の配置によって、それぞれの場所を大まかに決めていく場合である。そこに持ち込まれるのが、事物の遠近法的配置である。遠近法とは、絵画の技法のみならず、視野そのものの枠を設定していく作業であった。その枠がなければ、物事の活動態を捉えることも難しい。

遠近法とは、活動態の場所の設定であり、絵画では事物や人物の配置の輪郭を決めている。ところがダ・ヴィンチの場合、運動とともにある枠の設定であり、風景の遠近法も、この遠近法に合わせて視点の移動が可能な位置から設定されている。

探究の方法論

ダ・ヴィンチが活用した探究の道具立ては、実は多くはない。かなり少ない方法的な道具立てしか活用していない。だが活用した方法は、弾力があり、振れ幅の大きいものばかりである。ここに含まれるのが、「探究の方法論」である。

第一の方法論は、均衡比例であり、天秤の両側が釣り合うところから外れて、また均衡状態に戻る場面のように、均衡からの逸脱とそこに戻る運動を、比例関係から考えていくというやり方である。均衡不均衡のバランスを比例論で考えていくやり方だと言ってもよい。図柄として見れば、比例論は、たとえば手を広げ、足を広げた直立する人体が、正四角形に四点で内接し、その正四角形はその外側の円に内接するという「ヴィトルヴィウス」人体像に見られるような比例調和論となる。

この事態は、多くの推測をもたらすことになった。晩年の老いたダ・ヴィンチの自画像がある。長髪で長く髭を伸ばし、眼もとに皺のよったどこにでもありそうな老人の顔である。この自画像の両眼の配置や鼻までの距離の比率が、「モナ・リザ」の顔の輪郭と同じだという主張が現われ、挙句には「モナ・リザ」はダ・ヴィンチ自身の女装ではないかと言い出すものまで出た。

標準的に整った顔は、眼の配置や鼻筋までの距離はいずれにしろ似てきてしまう。数的な比例値がたとえ同じようなものであっても同じ顔になるとは言えず、ましてや表情まで似通うことはない。ただしダ・ヴィンチが比例均衡に力点を置いていたことは確かである。

しかし比例均衡を活用する場合でも、その比例均衡の内部に「奥行き」と呼ぶべきものが生じることがある。比率については、つねにダ・ヴィンチの考察の中心軸の一つであったと考えられる。たとえば顔の輪郭について縦横5対3の比率で設定すると、単純な比例ではすまない事態がただちに生じる。きれいな比率という点で言えば、割り切れない部分がどこまでも残り続ける。小数で表記すれば、1.6666……となるが、ここで起きる事態は「限りはあるが果てはない」という局面である。1.7に至ることはなくたしかに「限り」はあるが、この無理数には「果て」がない。

実はこのことがこうした比率に含まれる際限のない「余剰感」につながっている。幾何学的な比例では、どこまでも何かがさらに残り続けるという印象なのである。完結感のない奥行きと言ってもよく、数的な比率から染み出してしまう終わりのなさと言ってもよい。実はこうした経験の方が、しっくりと落ち着きやすいのも事実である。トランプや葉書では、実際にこうした比率が使われており、とても馴染みやすいのである。

こうした事態は、さらにより洗練された事例に結びついていく。ある長方形の短い辺に合わせて長方形内に正方形を作ると、「長方形の長い一辺の長さ」÷「正方形の一辺の長さ」＝「正方形の一辺の長さ」÷「長方形の一辺の残りの長さ」となる比例関係が成立することが知られている。

この比が、黄金比（神聖比率）と呼ばれているもので、この場合、正方形を取り除いた小さな長方形内にさらに正方形を作ると同じ事態が生じる。ということはこの比率の図形は、同じオペレーションを繰り返せば同じ比率が際限なく出現してくる。この比の値が、1対1・618034……となる。

この比率は、何度も同じ比率が内部に出現してくるので、同じ比率関係が図形そのものの規模を変えながら繰り返し出現する。「全体と分割された大きい部分の関係は、その大きい部分と小さい部分の関係」だと定義でき、これが生成するものの中に現われる基本的な比率であることが判明している。上の図の中ではAD／AF＝BF／BCとなり、この比率は何度でも繰り返される。

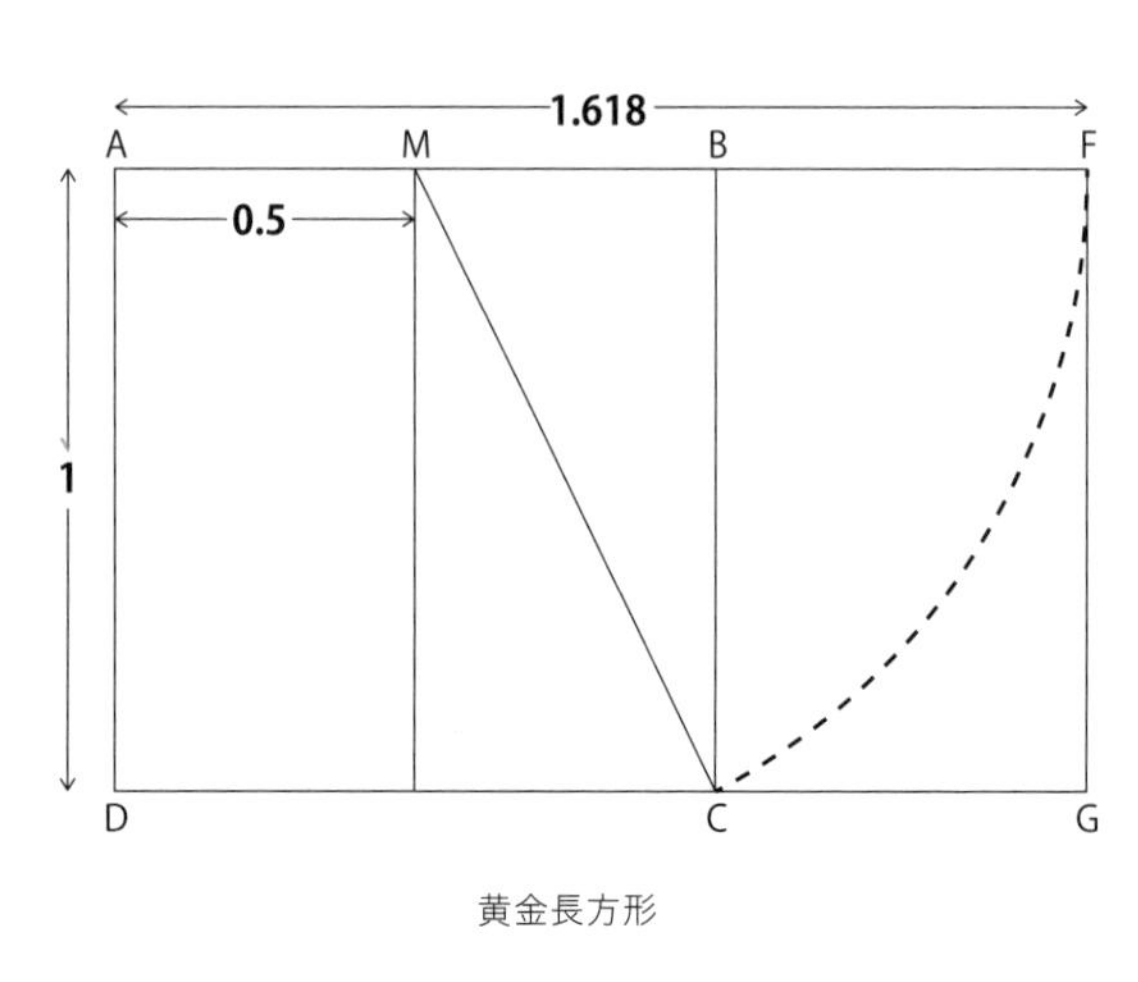

黄金長方形

南西側から見たパルテノン神殿の横の長さと縦の長さの比も、この比になっていることが知られており、「モナ・リザ」の顔の縦横の比率も、こうした比に近いと言われている。生成するものの面が、長／短の比率を一定に保ったまま大きくなる場合には、大きくなる長方形の一点をつないでいくと渦巻型の曲線が出現し、これは自然界の中でもオウム貝のラセン模様や植物の幹の周りの葉の付く位置にも表われている。

黄金比を維持したまま、出現した小さな長方形から出発し、順次接点をたどるように円を引いていくと、円は

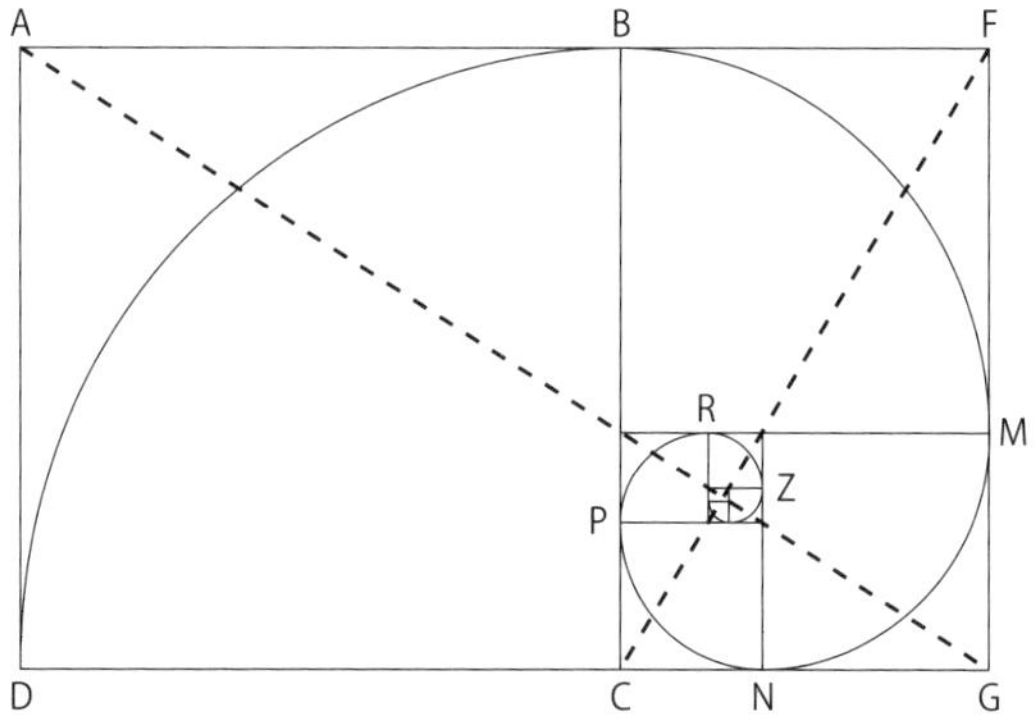

対数らせん

螺旋形に拡大して、オウム貝のかたちが出現してくる。これは反復的な拡大を基本とする「自然のかたち」でもある。

第二は、事態に関与する複数の物事の相互作用であり、たとえば鳥の羽の動きと空気の密度の変化との相互関係であり、歯車と歯車の間の動きの連動であったりする。いずれも直接作用を考察しており、相互作用のモードの推移を考察している。

一般に力学の中には、運動論と相互作用論が含まれるが、相互作用には運動そのものの形状と物の物性が密接に関与している。どこまでも物と物は直接作用し、直接作用は連鎖していく。直接作用の中に物性の固有性が出てくる。有効で実効性の高い器具を作り出すためには、直接作用の場面を考えていくのは、ごく筋の通ったことである。

第三には、アナロジーの活用で、異なった現象領域で類似した現象を見いだし、相互比較的な考察を行うことである。たとえば鳥の大気中での下降と、斜面を転がり落ちる球の動きを相互に比較するようなものである。

自然界には、物理的に見れば、条件をかえて、さまざまに類似した事態が見いだされる。それを共通の基本形から導こうとはせず、多様なものの類比関係として捉えていくのである。アナロジーは、最終的な理由付けを求めず、最終的な行き先を求めないという良さがある。類似しているものは、類縁として緩やかにつながっていればよい。

しかもそれだけにとどまらない。ダ・ヴィンチは、回転で空を飛ぶような「ダ・ヴィンチ式ドローン」も描いていた（六三頁を参照）。これは動物の運動からのアナロジーだとは考えにくい。回転運動を活用して、回転の方向に対して垂直の方向に進む動物は、ほとんど見つけることはできない。そうなると植物の穂の一部が、風に吹かれて回転しながら上昇運動する姿からのアナロジーだろうか。由来は不明だが、アナロジーは経験の範囲を一挙に広げていくようなところまで行ってしまう。そのためアナロジーは、多くの場合、「イメージの拡張」を含んでいる。

一般には、アナロジーには、どこかで「構造的対比」が成立している。サツマイモとジャガイモは栄養貯蔵体だが、サツマイモは根の肥大であり、ジャガイモは茎の肥大である。構造的対比で見れば異なる部位の変化であるが、外見上の見かけは似てくる。こうした関係は、「相似」と呼ばれる。他方、魚の前鰭と動物の前足と人間の手は、構造上同じ位置を占める。見た目のかたちは随分と異なるが、構造的な配置の対応性がある。それが「相同」と呼ばれる。これらは比較解剖学や進化論の構想を考えるうえで、欠くことのできない手掛かりである。構造的な枠である型を母体にしてその一部を比較するのだから、こうした対比は構造対応的である。ところがダ・ヴィンチのドローンは、こうした構造的対比をはるかに超え出てしまっている。およそ無縁なところにまで届かせるような「アナロジーの跳躍」が含まれている。

第四には、動きや変化の出現の仕組みへの洞察である。ここにつねにダ・ヴィンチが注意を向け続けているので、多くの手稿には、何度読んでも何かが見つかるというように感じられる。たとえば音の出現や、波の変化に注意を向けて、仕組みを考えてみるのである。「変化としての出現」の仕組みは、実は現代でも簡単にはいかない。たとえば数学的関数を設定したとき、変数そのものの出現を扱うようなものとなる。

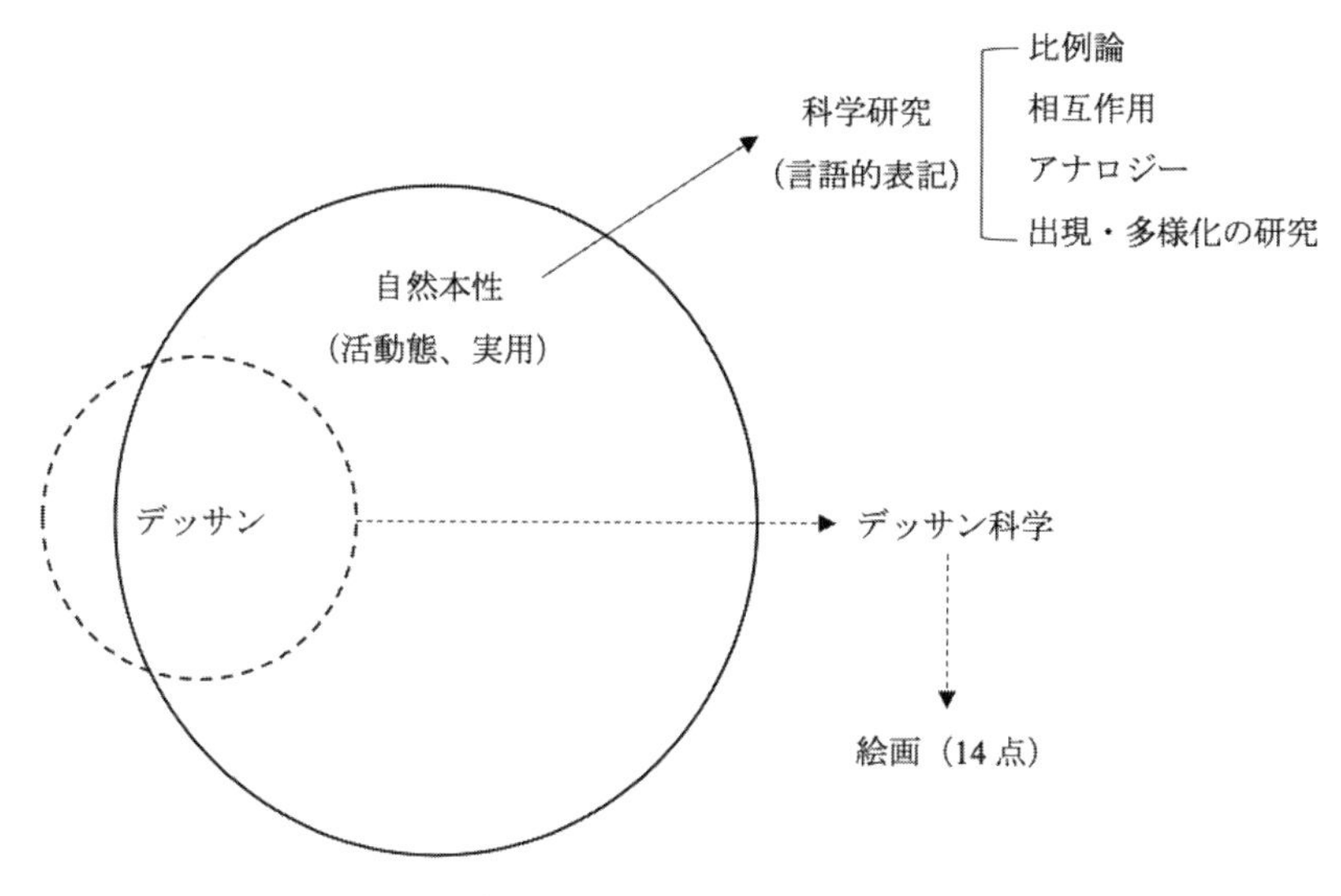

ダ・ヴィンチ・システムの模式図

出現や多様化を考察しようとすると、何か困惑するような事態に巻き込まれる。変数そのものの出現を、明示的に定式化する物理法則はない。近似的には、さまざまな法則を類比的に使うことができるかもしれないが、大外の枠を設定するようなことにしかならない。その局面をデッサンで描いてみることはできる。デッサンで描かれるのは、ある場面の切り取りなのだが、その切り取りの描写が、出現や多様化の動きを感じさせるように「切り取る」のである。切り取りには、その前後がある。前後を感じさせるように切り取りを行う。

動きそのものを感じさせながら、ダ・ヴィンチはある局面をデッサンで描く。この事態を言い表わすうまい言葉がない。動きの局面と前後の動きは、部分－全体（換喩的関係）のような静止した関係ではない。かりに部分－全体関係で喩えて考えるなら、部分－全体関係そのものが繰り返し更新されながら全体を組み換えていくというような仕組みを考えざるをえない。

それは一面、言語や論理の構造的限界につねに触れていくようなところがある。この限界の場所で、なお多くの試行錯誤が課題として残されている。ダ・ヴィンチが設定した課題は、言ってみれば現在も継続中であり、何が「決め手」になるのかも予想が付かない。だが前に進むための広大な課題領域は、ダ・ヴィンチによって間違いなく設定されているのである。

　この図では、「自然本性」と表記されている領域が最も広く設定されている。ダ・ヴィンチが繰り返し「自然から学ぶ」と表明した対象領域である。ここを押さえない限り、精確なデッサンはできない。この自然本性は、デッサンを行うための尽きることのない源泉であり、それを可能な限り同時代の科学的な道具立てを活用して解明していくことが、ダ・ヴィンチ的科学であった。

　デッサンは、よく見るための訓練の場であり、同時に科学的に物事の本性を突き詰めていくための自然学でもあった。人物の顔をその人固有に描こうとすれば、顔の解剖学的規則を知らなければならない。そのことによって表情の機微へのテクニカルな手掛かりを得ることができる。そのときデッサンだけで覆いつくすことのできない自然本性の領域が残る。それは言葉で表わしておくしかない。これが、ダ・ヴィンチの方法的な特質である。

　ここからダ・ヴィンチ的科学の第五の決定的な特質が明確になる。自然事象の本性が込められるようにデッサンをつうじて視覚像を描くことと、解明したことを言語的な説明にまで落とし込んで書き込むことは、実は視点を二重化することである。これによって複数個の視点から事象に迫るやり方を開発していることになる。そこではデッサンと言語的記述は相互の補完関係でもある。物事の本性は、言語的な表記をつうじて事柄の内実にアプローチしていくプロセスと、同じ事態をデッサン化によって可能な限り視覚化するという二重の方法を連動させていることになる。

　このとき視覚的に問いを詰めていくことは、一般の観察を超え、運動そのものをイメージで捉えるところまで進んでいく。同時にその正確な姿は、言語的表記によって繰り返し語られる。ダ・ヴィンチは、「探究の視点の二重化」という仕組みを全面的に活用した。またこうしたやり方は、渦巻の運動や人の表情の動きを捉えるためには、おそらく最も有効なやり方の一つでもある。そのつど微妙に変化し続けるものは、どこへ向かうわけでもなく、何に成ろうとしているのでもない。微妙に変化し続けることが、それじたいの本性的な在り方なのである。

この視点の二重化という仕方は、近代科学の中ではすっかり忘れられてしまったものである。物事を二重化して捉える仕組みは、経験をいつも二重化しながら進むことでもある。こうした二重化をダ・ヴィンチは、さまざまなかたちで試みているようにも見える。

たとえば文字を書くさいに左手で書き、鏡文字（鏡に映った逆転した文字）を使ってみることも、経験を細部で二重化することにつながる。経験の進行を二重化しながら進行させること、これが「ダ・ヴィンチ的経験」の神髄だった。

こうしたやり方は、芸術的制作では、さまざまなかたちで出現してもいる。たとえばカンディンスキーは、音と色の連動を活用するようにして、制作中に流している音から、個々の色の活用と配置を考案している。ここでは異なる感覚質の連動が活用されている。感覚質の連動で言えば、ダ・ヴィンチの場合、運動感とかたちとの連動を活用している。こうした連動をダ・ヴィンチは自然学の探究で全面的に活用し、実行した。それは歴史的な「踏み出し」であった。

2 近代科学の前線

ダ・ヴィンチ的科学との重なりと差異

こうした構想を近代科学と対比しながらさらに特質を追跡してみる。

近代科学にも、いくつものタイプがある。近代科学は、基本的にガリレオの数学、デカルトの機械論、ベーコンの観察という三つの座標軸によって張り出された一つの「位相空間」である。それぞれが相互に重なり合いながら、なお固有の特質をもっている。

詳細な議論を除き、エッセンスだけを取り出してみる。

ガリレオ＝ニュートン科学

ガリレオの数学的構想では、何故、数学が自然界に当てはまるのかという大問題が待ち構えている。近代の物理学の理論は、ある特殊な操作のたまものである。時間、空間のような座標軸を取り出すことから始めることがわかりやすい事例である。時間、空間は、現在では自明な二つの座標軸のように考えられがちである。事実、毎日のように生活の中でも活用している。

他の何にも依存しない空間、他の何にも依存しない時間は、どうやって取り出したのかと考えてみればよい。いっさいの物と独立の空間、いっさいの運動と独立の時間は、いったいどのようにして成立したのかというように考えてみる。多くの場合、極限操作を行わなければこうした座標軸そのものを取り出すことはできない。ただし科学的な法則設定以前に、面積の測定や、時計による時間経過の測定のために物事の指標として、時間や空間が活用されていたことは間違いがない。この段階ではいまだ「測定学」である。日常生活や経済活動のための測定という広大な領域があった。そこではいまだ時間や空間は、指標による物事の特徴付けのための切り口や補助線に留まっている。

測定には、さまざまな単位がかかわるが、単位の設定は、測定値や測定した当のものを交換するために欠くことができない。ダ・ヴィンチの時代にも、長さの単位としてブラッチョがあり、重さの単位としてリッブラがあった。これらは当時のイタリア各都市でも、いくぶんかずつずれている。フィレンツェの一ブラッチョは五五・一センチ、ミラノの一ブラッチョは五九・四センチ、ダ・ヴィンチの手稿の中では六一・三センチ相当のようである。ここまでずれていれば、貴金属や貴重品を測定する指標としては、単位の調整が必要となる。単位とは、指標のための補助線からの一定幅の切り取りである。切り取りの幅を調整するさいに、「同じ補助線」からの異なった切り取りであるという操作的な仕組みが、おのずと入ってくる。ここが空間という概念になる。

さまざまな幅の切り取りは、同じ基準からの異なった幅の切り取りである。この同じ基準そのものを測定とは独立に取り出すと、長さそのもの、空間そのものという概念が生み出される。そしてあらゆる空間的な切り取りが、そこからの切り取りであるような、「切り取りのための母体そのもの」を設定すると、「共通空間」となる。

これをさらに極限化したものが、ニュートンの「絶対空間」の設定である。絶対空間は、起点もなく果てもなく、均質に広がった無限空間である。これによって時間、空間という座標軸の設定は、自然学の最初の自明な前提となっていく。伝統的な測定の技法と、その根拠となる時間、空間という座標軸の設定は比較的整合性が高く、極限化された時間と空間には、数学がよく似合うのである。

ここに構想上、自然学では、最も外側に「絶対時間」と「絶対空間」が張り出されることになる。こうして時間、空間は、物事の特徴を指標する特定の量的な身分から、最も根底的に前提された座標軸となっていく。これらの座標軸は、他のいっさいの性質に関与することはなく、それじたい線型であるような特質を備えているために、本性的に数学とぴったりした整合性がある。またその上でさまざまな大きさの単位の調整ができるようになる。しかし多くの測定単位に共通に前提される空間から、絶対空間までは、かなり大きな隔たりがある。いっさいの物質とは独立に均質に広がる空間、さらにはそれじたいには起点も果てもないと設定される空間は、すでに無限性が含まれているために、イメージとしてはわかるが、それが何であるかを単独で示すことはできない。そのためかニュートン自身は、「神の属性」だとしていた。

絶対空間や絶対時間は、単独で成立しているとされる以上、それ以上に特徴付けようとすれば、神の属性とするのもやむをえないのである。そしていっさいの運動や物質とは独立の絶対空間や絶対時間は、後にアインシュタインの特殊相対性理論によって廃棄されていく。

それでも時間空間のもとで数学的に表記された数学的規則性は、それじたいは「理論仮説」として強力な威力をもった。使い勝手が良く、誰にでも容易に活用できる。しかも人間の言語に依存しないので、幅広い公共性がある。こうしてガリレオ－ニュートン・タイプの「仮説演繹法的な科学」が形成されてくる。これが現在の科学の最も標準的なモデルをあたえている科学の仕組みである。

科学法則の中でも、「慣性法則」のような極限化によってはじめて見いだされるような法則が設定された。平面上を運動している物は、その運動を維持する。地上の極限状態、たとえば摩擦や空気抵抗がないような状態では、そうなる。そのため、これによって運動の原因は不要となり、そのため位置変化には、特段に原因も理由も必要ではなくなる。

静止も、慣性速度ゼロの運動になる以上、絶対的な静止点は、もはや存在しない。こうして船が島に近づくことは、島が船に近づくことと同じであり、「運動の相対性」が確保される。ここまでくれば、「運動の原因や理由」の探究に代えて、「運動のいかに」だけが問題となる。ガリレオの同時代ですでに、これらはもはや自明なかたちで前提され、自然探究の基本的な枠組みを提供することになった。

このとき「慣性の法則」は、身分上は「公理」に近い。あるいは「理念化された法則」である。この法則を前提すれば、多くの無駄な問題を、当初から設定外に置くことができる。ただし慣性法則をそれとして証明することは困難である。たとえば摩擦や空気抵抗を極力なくし、時計を使って運動の持続的な一定運動を数量的に証明しようとしても、時計の針の動きが精確に一定であることがすでに前提されている。それこそ慣性法則が示していることであり、この場合、慣性法則の実際の証明には、慣性法則そのものが前提されてしまう。これは慣性法則が、規則でもあり、規則の前提でもあるという特殊な位置付けをもつことを意味する。

デカルトの機械論

デカルトの採った方法的な設定は、いくぶんか異なったものである。物の性質のうち、条件次第で変化してしまうものは、「方法的懐疑」という仕組みで取り除かれてしまう。色は光の量によって変化する以上、物から色を取り除く。重さは、エレベータの発着時には変化する以上、これも物の性質から取り除いてしまう。そんなふうにしていくと、ほとんどの性質は世界から取り除かれてしまう。色もかたちも重さもない世界を想定してみてほしい。途方もない世界が成立する。

物の性質として残るのはごくわずかである。それが延長である。物の本性は延長であり、心（主観性）の本性は「思考」（思うこと）である。もっとも物の広がりは、圧力次第で変化する。そうなると延長も変化する。強い圧力のもとでは圧縮され、弱い圧力のもとでは拡散する。

そうなると物の本性は、延長の嵩ばりではなく、端的に物そのものの位置である。位置を本性とする物質相互の連なりが、物質世界であり、位置と位置の関係で組み立てられる世界は、「解析幾何学」の世界である。

物質の世界は、直接作用を基本とする。色が生じるのは、光と眼の間の作用によるのであり、光そのものが色をもつわけではない。というのも光はそれとして独特の作用であり、それの作用が物質を伝わり、眼にその作用が及ぶと考えているからである。

運動している物と運動している物との直接作用は、作用前と作用後では、何かが保存される。その何かが、速度と重さを掛け合わせた「運動量」であり、物質の作用世界の中で保存される量の維持が、基本法則の一つとなる。「運動量保存則」という物質の相互作用の基本法則が設定されることになった。

物の相互作用の世界は、機械や物体相互が作動している世界である。そこからデカルトは多くの発見的な推論を行っている。心臓の働きを考える場合には、水汲みポンプをモデルにして考察し、光の反射を考える場合には、テニスボールの反射をモデルにしている。物質世界の作用関係には、基本的な規則性を想定できるので、たとえ推論がアナロジーであっても、複雑さの度合いを括弧に入れると、かなりよく当たる。

この点では、デカルトはアナロジー的推論の名人だった。液体や流体のように周辺の事情に合わせてかたちを変えるものについては、分子が「うなぎ」のようだと考え、「うなぎ分子」を想定し、心臓付近の暖かさを考える場合には、積み上げげられた干し草の内部が暖かいことを引き合いに出している。アナロジーは、発見法の一つであり、つねに成功するわけではないが、それでも知識や経験の拡張のために欠くことはできない。

機械論は、おそらく想定を超えるほどの巨大な成功を収めた。心臓の動きを考えるさいに、直接動きを調べるためには、死体解剖だけではなく、心臓の動きを直示するモデルがあったほうがよい。それがポンプである。心臓の動きを、拡大鏡にかけるようにして、調べていることになる。機械は、モデルとして設定されると、物事を拡大鏡にかけるようにして、動きのプロセスを直示することができる。これを「拡大鏡効果」と呼んでおく。

しかも機械論は、新たな機械が制作されるたびに、新たなモデルを手にすることができる。機械技術の進展に応じて、機械論そのものが新たな局面に進んでいく。技術の進歩に応じて、機械論そのものも高度になるのである。たとえばＡＩの技能が進めば、それをモデルとして、認知科学も新たな局面に来ている。人間を研究するためには、ロボットから学ぶことは、どの水準であっても有益である。

機械論は、有用なだけではなく、もう一点とても重要な問題を含んでいる。たとえばシャベルは、土を掘るという点では、人間の手を上回る。自転車は、移動という点では、人間の足を上回る。計算の速さでは、コンピュータは人間の計算能力を上回る。作り出された道具は、それぞれの機能では、作り出した人間の能力を上回っている。機械の制作を行うことで、人間はすでに「身の丈」に留まることができなくなっている。

ベーコンによる観察と帰納法

ベーコンは、徹底的に「観察」を重視した。概念や言葉にとらわれず、直に観察するのである。だがそれは簡単なことではない。観察が視点に制作され、多くの負荷を帯びながらなされることはやむをえないことである。そのため物事を精確に見るためには、余分な負荷をできるだけ解除しておいたほうがよい。余分な負荷の典型例として取り上げられたのが、四種の「イドラ」である。

ベーコンの『ノヴム・オルガヌム（新機関）』に、「イドラ」の議論がある。そこでは四つのイドラを分析し、認識を誤りに導く仕組みとして解明している。

たとえば「種族のイドラ」は人間の本性にもとづく誤謬の源泉であり、人間であることによって備えてしまっているイドラである。それ以外に、言葉や情報が広く授受されることによって生じる誤謬の源泉（「市場のイドラ」）、生活環境の中の狭い枠内で経験が形成されることによってもたらされる誤謬の源泉（「洞窟のイドラ」）、特定の考えのもとで経験を積み上げたためにバイアスがかかって生じる誤謬の源泉（「劇場のイドラ」）があるが、ベーコン自身が認めるように、これらは視点を切り替えるようにして解除できるようなものではない。繰り返し注意喚起して、それに嵌らないようにするための注意事項に近いのである。

イドラの取り出しは、誤謬の源泉を設定することで、事実の観察、そこから確実な認識の形成に向かうための注意事項である。ベーコンの設定した帰納法は、特殊な事柄を捨てて知識の普遍性を高めていくやり方だが、その手続きには普遍化と同時に、裏側で特殊な事柄の排除が進行する。普遍化と排除過程は裏合わせになっている。この手続きの出発点に、最初に全般的な排除項目が設定されているのが、イドラ論である。

ベーコンの発想の中では、知は現実的に有効であり、自然とのかかわりの中で、実効性をもつべきものだという発想がある。それが「知は力なり」と呼ばれるものである。知を真もしくは偽と結びつけるのではなく、実効的な有効性と結びつけるのである。これは工学や職人にとっては自明のことであるが、わざわざ言わなければならないほどの内容である。というのも知は、放置すれば自己完結してしまう特質がある。それを回避するために、わざわざ言っておかなければならないのである。

「知は力なり」という設定は、二〇世紀の後半になって、別様の意味をもち始めた。知が自然界に対応するさいの実効性であれば、知を人間に向けた場合にも、別のモードの実効性が生じる。これは知はたんに役立つだけではなく、社会内では一つの権力として作動することを意味する。こうして「知は力なり」は、「知は権力なり」へと代用されて、別個の課題領域となった。こうした方向に踏み出したのが、ニーチェであり、フーコーである。

ダ・ヴィンチ的科学との対比

こうして近代科学の前線を確認してみると、ダ・ヴィンチ的科学といくつもの点で重なり合っていることがわかる。ガリレオ－ニュートン・タイプの科学は、物の運動を基本としている。それに対してダ・ヴィンチ的科学では、運動の多様性や多様化する運動がテーマとなっている。この点をダ・ヴィンチから見れば、ガリレオ－ニュートン・タイプの科学は、かりに基礎的な規則を解明するものであるとしても、方法的な手掛かり（統制原理）に留まるのである。

デカルトの機械論は、機械をモデルにして物事の解明を進めるものである。ダ・ヴィンチから見れば、そうだとすれば機械そのものの新たなデザインをさらに作り出し、しかも機械の作動の中で、新たな現象が出現するような場面まで、描くことができたことになる。

機械論の強力さは、次々と新たな機械が制作されることによっている。そうであれば「ありうべき機械」をモデルにして、知の境界を拡大していくこともできる。機械をモデルにするのなら、さらに新たな機械を構想し、そこから新たなモデルを提起しながら、自然事象を考えることもできる。ダ・ヴィンチが企てたのは、まさにそうした方向であった。

ベーコンの観察は、言葉を捨てて、ともかくも「見る」ことを重視している。言葉への固着こそ、イドラの典型的な事例でもある。どうしても人間は言葉に引っかかってしまう。それが学習ということの基本にもなっている。それを解除して、ともかくも見るのである。

ところが見ることが大切だと肝に銘じれば、おのずと見えるようになるということは、ありえないことである。見ることは、文明を背負った負荷の中でしか起きはしない。見ることは、つねに見ることそのものの限界を超えていくようにしなければ、見えてこないものが多すぎる。そこで起きていることの活動の仕組みを一方では構想しながら、見えないものまで見ていくところまで進むことができる。これがダ・ヴィンチの行ったことである。漠然と見えていることの中に、さらに見えていくものをイメージ的直観で描いたのである。

生命の学

この時期の生物学（博物学）は、基本的には「分類の学」である。多くのものを集めてきて、区分けしていくのである。とりわけ人間にとって有用なものとそうでないもの、さらには有害なものを区分けしていくことは、生存上の知恵でもある。

一八世紀になると、分類の基準が持ち込まれるようになる。リンネによって同じ基準の下での分類の試みが実行された。たとえば植物を区分するさいに、端的に「おしべの数」を基準にして分類を行っている。おしべ一本の植物、おしべ三本の植物のように、明確な基準の元に配置するのである。おしべの数はかなり偶然的に決まっており、おしべの数そのものが生存の適合性を決めているとは考えにくい。そのためこの分類法は、「人為分類」と呼ばれてきた。分類の仕方そのものが恣意的である。それでも数という無類の明確さをもつ基準を活用している。

こうしたやり方が根本的に組み替えられるのは、一八世紀末から一九世紀初頭にかけてである。特定の部分だけを取り出して、それを比較したのでは、恣意的になることは避けようがない。逆に生物に固有の基準が求められるようになった。たとえば肉食動物は、一般に鋭い牙と頑丈な顎、短い腸と短めの強い足を備えている。これらの特徴は、ひとつながりとなった特徴の連鎖であり、それが「体型全体」の輪郭を決めている。

それぞれの動物は、こうした特徴の連鎖である型や基本形を備えており、生存適合的に形成されている。個体そのものの共通の型を、個体固有の特徴だと考えて分類の基準にするのだから、こうした分類法が「自然分類」だと呼ばれた。そうした型を、生理機構を含めた一連の連動する特徴だとするところに、「有機構成」という概念が成立した。この語は、この時期に一大流行語となって、多くの科学者に活用されたのである。

3 デュアル・リサーチへ

「最後の神学」を捨て、世界の現実の姿に迫る

こうした科学的な動向の歴史から見て、ダ・ヴィンチの行ったことは何だったのかという思いが浮かぶ。ダ・ヴィンチ的科学の大まかな輪郭は、わかってきた。この科学の仕組みは継承可能なものなのだろうか、あるいはどの程度の変換をかけながら継承発展させることができるのだろうか。はっきりしていることは、このダ・ヴィンチの自然学は一つの一貫した視点のもとに配置されるようなものではないことである。このことはダ・ヴィンチの構想がどれもこれも断片に留まり、未成熟であることによるのではない。かりにダ・ヴィンチの行う記述をさらに続け、膨大な量を書き足したとしても、一貫した視野のもとに配置されるようなものではない。また一つの視点のもとに統合されるような性格のものでもない。

科学や学問にこれまで暗黙であるにしろ要求されてきた規範は、「統一性」や「体系性」であった。これらはあらゆる事柄や事象が、一貫した一つの系や視野の中に配置されることだった。一つの原理のもとに万象を配置するという科学や学問の規範的な要求は、どこかに「神学」の名残を残している。それはダ・ヴィンチからすれば、人間の側の認識や知識の要求であって、自然界の本性ではない。

運動という現象は、誰にとってもやっかいな問題である。運動しているものを座標軸上の位置の変化で記述すれば、運動についての一面的切り取りにすぎなくなる。植物の成長も、微生物の動きも、動物のささやかな動きも、いずれもそれじたいで行っている運動であり、座標軸上の位置変化では、ほとんどそれらの自己運動するものには届かない。

さらに言葉で、現にある自分の状態から自分自身で「自己差異化」すると語っても、そう言いたくなる気持ちはわかるのだが、自己差異化から多くの運動のモードを取り出すことはできない。植物は多くの場合、双葉を出し、そこから茎を伸ばしてさらに体を作り替えていき、昆虫は時に応じて幼虫から成虫へ変態を遂げる。自己差異化には多くのモードがありすぎて、人間の言葉から追跡できるモードはごくわずかなものである。運動が何であるかを問い詰めて、究極の事態を取り出す試みは、運動に対して「筋の通った」やり方なのだろうか。それをやろうとすれば、究極の事態に迫るある種の「哲学」となり、言葉による届かなさにどこかで自己満足し、場合によっては自己陶酔することにもなる。

そんなときには、「運動」を一つの観点で捉えることは、そもそも筋が違うと考えていくことができる。哲学の試みは、筋違いの必死のあがきだったと考えることができる。特定の視点から捉えることで限界が生じるのであれば、その限界を解こうとしたり、限界の意義を語ったり、限界に直面している自分自身に自己陶酔すること以外にも、いくつものやり方がある。究極の事態や原理的な事態は、複数個の視点から二重化したり、場合によっては多重化したりして捉えることが基本となる。

たとえば運動するものを、一方ではデッサンで描き、数学的表記をその運動するものの「影」のように配置して、さらに不足している事態を人間の言語で表現することができる。こうした複合的に二重化した考察こそが、究極のものの本来の姿だと考えていくことができる。

これを「デュアル・リサーチ」と呼ぶことにする。これは究極のものを一元的な位置から解き明かすのではなく、複合的な仕方で浮かび上がらせることであり、これこそが事態の究極の姿だと考えていくのである。こうして運動や現実性についての「最後の神学」を捨てることができる。

デュアル・リサーチ

究極のものは、最低限いつも二重性を帯び、二重の仕方で成立する。

宇宙の出発点には、質料と運動があり、いずれか一方に他方を解消することはできない。アリストテレスによれば、質料と形相(かたち)が一対の原理となる。この場合には、安定した個物を説明するにはよいが、質料そのものの運動性が欠落してしまう。質料と運動は、相互に異質であるが、他を欠くことができないように連動している。疎遠なものが互いを欠くことができないように連動する。ある意味で、カップリングである。

また人間には、動きへの本性的な欲求があり、他方で世界に向かう認識がある。この二つの動きは、ライプニッツの原初的個体である「モナド」にも含まれている。動きへの欲求と世界への認識は、一方を他方に解消することはできず、一つの原理に統合することもできない。

この二つの原理の解消することのできない隙間に「感情」が出現してくる。そしてその後、動きへの欲求と感情の間に「身体力感」が生まれ、認識と感情との間に「情態性」(外に見える感情)が生まれる。これは世界が多様化してくることの一事例である。異質なものが連動しながらそれとして動き続ける在り方が、原初で最小の単位だと考えていくのである。

これは出発点に特定の原理を設定し、そこから世界の多様性に到達することが困難であることへの別の解答の仕方でもある。究極のものは一つであるというのは、人間が人間であることに付き纏う根本的な思い込みであった。もはやそれを捨てることができる。世界の究極の姿は、根源的な二重性であり、質の異なる原理が二重性のまま連動して作動することが、世界の最初の姿である。

そこからも少なくない帰結を導くことができる。

たとえば解けない問題に直面したとき、解けない箇所を突破するような試みは、すでに筋が違うと考えていくことができる。世界が最基層で二重化しているのであれば、解けない箇所を突破する以外に、さまざまなやり方があるに違いない。壁に当たればそこを突破するのではなく、二重化したもう一方の要素に変化をあたえ、局面を変えていくことができる。場合によっては、二重化している要素の隙間に開きをあたえたり、密接に連動させたりすることもできる。ダ・ヴィンチ的科学は、こうしたデュアル・リサーチの典型例を示していたのである。

ダ・ヴィンチの描こうとしたデッサンは、「動きのデッサン」であり、精確には「動きの継続のデッサン」である。このデッサンには、二つの基本的な要素が含まれる。動きの継続にかかわる要素と、そのつどの変化にかかわる要素である。加速しようとする身体態勢と減速しようとする身体態勢は、まるで別のものであるが、いずれにも動きの継続は含まれている。動きの継続の中で、ただ回転数を上げたり、回転数を下げたりしているのではない。こうした仕組みで成立しているのは、自動車である。馬の加速の場合、歩幅を大きくし、回転数を上げる場面もあるが、加速そのものが開始されるまさにそのときの身体態勢の変化が問われる。一定の加速状態になれば、それを繰り返せばよい。

近代科学的に言えば、ここには変化という変数と、変化率という変数が含まれていることになる。この二つを同時に指定しないと、ダ・ヴィンチのデッサンの図柄は出てこない。

だがこの二つの変数の値を指定しても、なお動作の現実の姿は決まらない。というのも同じ値をもつ動作の姿は、実はたくさんあるからである。たとえば足の短い馬と、サラブレットの馬の動作の姿が同じであることはそもそも無理である。この二つの変数の値を同じにして、なお動作の姿を描こうとすれば、そこにある種の典型的で類型的な「動作の姿」が追究されることになる。ここに美的な要素がからみ、物理的身体の固有性が絡んでくる。

変化や変化率の値は、外側の座標軸で指定された指標である。そこには身体の躍動感や躍動の美しさは、いまだ含まれていない。あるいは動作の無駄のなさ、余分な緊張がないこと、左右バランスの整合性等のような動作に不可欠な要素は、変化や変化率の度合いだけからでは、捉えることができない。ここにダ・ヴィンチの固有の注意が向いている。座標軸で指定される値は、過度に還元された事象であり、最低限の特徴にすぎない。

また動作は、歩行の場合のように、一定のパターンの繰り返しで成立している。右左、右左を反復するのが動作であり、動作は基本動作の反復という仕方で成立している。これは動作が身体の構造的な成り立ちの制約を被るからで、それが動作の自由度を決めてもいる。

身体という構造部材を含んだ運動が、動作であり、ダ・ヴィンチは「動作の運動学」「動作の力学」を展開してきたのである。この動作には、小規模には振る舞いや仕草が含まれ、微妙なものとしては、機微を含んだ表情やその表情の変化が含まれる。動作には、反復され継続される動きのまとまりがあり、その中での多くの変化の可能性がある。この二つの要素を組み込んで、動きのデッサンを描かなければならない。

デッサンは、動作の局面の切り取りでしか成立しない。切り取りという表現手段が、デッサンである。動きや動作のデッサンには、その動きの前と後の運動が含まれている。動きや運動は、履歴をもち、予感をもつ。そのことが切り取られた局面に含まれているはずである。だが切り取られた局面から見る限り、履歴も予期も一通りに決まらないことが多い。多くの選択肢を含んだまま躍動感や速度感が前景に出てくる。

この未決定の部分に、解説が必要になる場合がある。それが言葉であり、ダ・ヴィンチの文章である。断片であるデッサンに、それぞれの固有性をもたらす理由付けをあたえようとすると、働きや活動の仕組みの部分に、力学的な説明が必要となる。それが文章であり、ダ・ヴィンチの科学は、動きの姿をデッサンで描き、動きの仕組みを文章で描くやり方である。

デッサンだけでは描き切れない動きもある。たとえば木材に切れ目を入れるために、鉈を打ち込む。鉈を抜いたとき、切れ目を入れた箇所が、切れ目の両側で盛り上がることがある。そこにはリバウンドの効果が含まれている。これは自然界で広く見られる現象で、ダイエットをして体重を落とした後、ダイエットを止めると、元の体重より増えてしまうことがしばしばある。試合直前のボクサーは、減量で急激に体重を落とし、体重測定後に、適正体重まで戻す手続きを踏むことが多い。リバウンドのような動きに気づいていても、それをデッサンだけで描き表わすことは難しい。この場合、デッサンと言語表現は、相互補完的に活用される。デッサンと文章は、視点を複数化して、物事をさらに詳細に明らかにしていくところがある。こうした視線の複数化が、ダ・ヴィンチ的科学の特質でもあった。

ダ・ヴィンチは、水の動き、たとえば渦巻のような動きのモードに繰り返し記述を向けている。そこでは渦巻を描き、その力学的な仕組みを考え、それによって明らかになったことを導入しながら、再度、水の動きを描き、それからさらに水の動きの仕組みを考えようとしている。視点を二重化したために、考察が循環的に形成されていくのである。

そして道具の作成では、力学的な作用の熟慮の延長上に、どこにも存在しないような「未来の道具」を描くこともできている。デッサンは力学的にありうるところまで拡張することができ、そこにイメージの拡張を作り出した。

異なる規則性

最難関は、近代科学のいたるところで発見され、解明されてきた規則性である。こうした規則性と別のタイプの規則性の解明や設定が見いだされれば、ダ・ヴィンチ的科学は成立すると思われる。近代科学の規則性は、開始点が決まれば、結果が決まるように組み立てられている。精確に言えば、結果が決まるように出発点の初期条件を設定したのである。するとそこでは途上のプロセスは、括弧入れされる。

ところがダ・ヴィンチのやり方だと、プロセスを捉えるために、その一つの局面がプロセスの在り方を総体として、内的に感じ取ることができるように切り取られなければならない。個々の局面は変化し続ける。この変化とともにプロセスの総体は分岐したり、別様に進み始めるように連動していなければならない。これは個物の個体性を捉えることと同じである。そして個物がそれとしてあるという「個体性」は、科学的な仕組みではどのようにしても届かなかったことである。

いくつかやり方は考えられる。たとえばダ・ヴィンチの描いた馬のデッサンをパソコンに複数個、読み込ませる。このデッサンされた静止画像が、運動につながっていくためには、動作の反復が可能であり、明確な周期性がなくとも、変動しながら繰り返される数式の上に乗せることができれば、この描かれたデッサンの延長上に、馬の動きを作り出すことができそうである。

複数個の動きが学習できれば、デッサンされた動きを断片として、持続的な運動とそこに同時に含まれる可変性の幅を直接提示できるのかもしれない。これは運動の必然性を示すというより、運動がかたちを変えながら、進行し続けるプロセスを描くものになると予想される。

この規則性は、全面的にパソコンとAIの作動として見いだされるものである。簡単な微分方程式やある種のカオス関数に画像を乗せることができれば、そうした視覚的で直示的な規則性に触れることはでき、それを直接示すことはできる。

絵画

ダ・ヴィンチの絵画については、すでに多くのことが語られており、あらためて語るべきことは多くはない。ダ・ヴィンチによって描かれた人物は、どれも強く印象に残る。この強い印象をあたえるものが何であるのかという思いは、いつまでも残っている。絵の技法や構図の巧みさのような「うまさ」の問題ではない。印象の強さは、絵のテクニカルなうまさの問題とは異なる。だがこの「印象の強さ」を支えているものは何なのかという問いは、簡単には回答できそうにない。そんなときには少し大外から濠を埋めるように攻めてみる。

この強い印象は、アニメーションでしばしば活用されるような「場面の激しさ」ではない。大ナタのような刀で切られ、肉が四散して飛び散るような人為的に作られた「激しさ」は、衝撃の強さであり、衝撃の度合いを競っている。

かりにダ・ヴィンチ自身が依頼を受けたまま完成しなかった「アンギアーリの戦い」が完成されていて、戦いのさなかにある兵士たちに力感が張っている場合を想定することもできる。部分的なデッサンが残っているので、

《アンギアーリの戦いのための兵士の習作》1504年頃／紙、黒チョーク、赤チョーク／19.1×18.8cm／ブダペスト、国立美術館。《アンギアーリの戦い》と同時代に描かれており、関連する習作と考えられている。

そうした推測ができるのである。その場合でも、おそらく場面の衝撃の激しさのような描き方にはならない。

生命や身体の危機に触れるような衝撃は、人間社会の中では、一般には「非日常」に属している。肉食獣が大型草食動物を襲い、命を懸けた攻防が行われるような場面は、日常社会の中では限界状況でもある。こうした非日常の力感とダ・ヴィンチの人物像は、相当に異なっている。かりに兵士を描いても、身のこなしの力感の見事さのような図柄になると想定される。それは激しさとは別の強烈さなのである。

同じように色感覚に対して、激しくかかわるように色の配置を行ってもいない。色を激しさや、その対極の過度の静かさとして活用する仕方は、ゴッホの黄や青に典型的に見られるが、感覚の動きを引き起こすほどの色の強さ(弱さ)としての活用は、ダ・ヴィンチとは接点がない。ダ・ヴィンチの活用する色は、いつも控えめな穏やかさに満ちている。

ダ・ヴィンチの絵で描かれる人物の表情は、微妙で奥行きも深さもある。とすればそれは微妙な均衡点で成立している表情なのだろうか。

時代的には、ダ・ヴィンチの時期には、表情の動きが前景化した人物像が描かれるようになっている。だがその場合でも、表情の固有性には、簡単には届かない。ボッティチェリの描くヴィーナスにも表情はあるが、ほとんど同じような表情をしている。面長の美形で、少し悲しそうな表情をしている。ミケランジェロも多くの人の表情を描いているが、ほとんど似通っている。怒っているものも、喜んでいるものも、ぼうっとしているものも、描かれている。それでも同じ表情なのである。それぞれの人物には感情はあるのだが、どれも定型のまま動きを止めた表情なのである。たとえどのような感情が描かれようと、表情はプロセスであり、内面と外面をそのつど区別する一つの運動でもある。ミケランジェロの絵には、こうしたプロセスや運動がない。

《岩窟の聖母》1485年頃／板に油彩／パリ、ルーヴル美術館
写真提供：ユニフォトプレス

ダ・ヴィンチの表情の特質は何なのだろう。危うい均衡点にあるような表情なのだろうか。いまにも動き出しそうな局面で、かろうじて均衡が維持されているような表情なのだろうか。そうだとすると画面全体に不思議さと、理由のはっきりしない緊張感のようなものがうっすらと出ていてもおかしくない。そうした

緊張感の宿る表情がないわけではない。「聖ヒエロニムス」（一四八〇年頃）の苦悩する老人にも、「岩窟の聖母」（一四八五年頃）の右側の女性にも、どこか緊張感がある。ことに岩窟の聖母の右側の女性は、見方によっては、胸騒ぎがするほどの緊迫感である。

だがこうした緊張感は、人物に固有にただよい、人物の固有性にかかわるような緊張感である。どこかいつも緊張感がまといつくタイプのものである。緊張感がいつも表面に現われてしまうような人は実際に存在し、それはその人物の内面が作り出す緊張感である。このタイプの緊張感は、それはそれで描きたくなるような一つのテーマである。だがそのことは表情そのものの微妙なバランスから出現する緊張感とは、いくぶんか性質が異なっている。

「モナ・リザ」は、穏やかな笑みを浮かべている。ほんとうにそうだろうか。表情は一つのプロセスであり運動でもあるのだから、動きの予感に満ちている。「モナ・リザ」の表情は、この人物の典型的でいつもよく表われる表情なのだろうか。それとも時として偶然に通過する記憶に残る断片なのだろうか。「モナ・リザ」から微笑を取り外した「モナ・リザ」の普通の顔はどんなものなのだろう。それは回答に困るような問いである。

この深みのある穏やかさが、いつもよく取るポーズのような表情だとも考えにくい。するとこの微笑は、たまたま通過する表情の動きの断片だと考えられる。その断片を理想化するようにデッサンしたのである。この理想化の手続きに、ダ・ヴィンチはかたちを整えたり、動きの均衡を探るだけではなく、おそらくもっと多くのことを内実に込めてしまったのである。

この表情は、動きの断片であるが、次にどのような表情になるのかについて、傾向や趨勢が決まらないほど、多くの選択肢を含んでいる。

たとえば五秒後の表情の変化について考えてみる。きりっと締まった表情に推移するのか、呵々大笑するように崩れていくのか、まるで作り笑いを取り外すように残忍な本性が浮かび上がるのか、実はいずれもありそうなのである。そのため多くの「モナ・リザ」の変容形や、「モナ・リザ」変異株が作られてきた。理想化された断片が、なお多くの選択を内部に含んでいる。論理的には非常に起こりにくいことが、実際に起きてしまっている。まれな偶然と言っても、ほとんど奇跡に近いと言っても、信じ難い現実だと言っても、あらゆる言葉が作品の前ですくみ込むほどの現実性が、成立してしまったのである。

このことはそれじたい動きである表情の断面と、動きの進行そのものの間に隙間が含まれていることを意味する。この隙間に多くの変容形を作ってみたくなる誘惑が含まれており、またそれじたいで見れば「深く謎に満ちた微笑み」なのである。

謎は均衡点を少しずらしてみれば、別様に見えてくる。均衡点をずらした微笑みは、たとえそれが技巧に満ちたものであっても、二番煎じ以下にしかならない。そうした均衡点が、おそらく「モナ・リザ」において出現したのである。言葉を替えれば、別様に分岐していく可能性に満ちたまま、分岐することの予感をそのまま描いたのである。

こうしてダ・ヴィンチ的科学の可能性の広がりがどのようなものであるのかが、うっすらとわかってくる。世界の二重化が起きる場所を見定め、二重化の可能性をそのまま感じさせることのできる二重の現実、すなわち「かたちと動き」を現実化させたのである。

参考文献・資料

◆レオナルド・ダ・ヴィンチ——手記・手稿・デッサン
『レオナルド・ダ・ヴィンチの手記 上』杉浦民平訳、岩波文庫、一九五四年
『レオナルド・ダ・ヴィンチの手記 下』杉浦民平訳、岩波文庫、一九五八年
『レオナルド・ダ・ヴィンチ 絵画の書』フランチェスコ・メルツィ編、斎藤泰弘訳、岩波書店、二〇一四年
『解剖手稿』(全三巻)ケネス・D・キール/カルロ・ペドレッティ原典翻刻・注解、山田到知日本版監修、裾分一弘他訳、岩波書店、一九八二年
『レオナルド・ダ・ヴィンチの「解剖手稿A」——人体の秘密にメスを入れた天才のデッサン』マーティン・クレイトン/ロン・フィロ著、森田義之/小林もり子訳、グラフィック社、二〇一八年
『レオナルド・ダ・ヴィンチの解剖図——ウィンザー城王室図書館蔵手稿より』ケネス・キール/カルロ・ペドレッティ編、清水純一、萬年甫訳、岩波書店、一九八二年
『自然の研究——レオナルド・ダ・ヴィンチの素描 ウィンザー城王室図書館蔵手稿より』カルロ・ペドレッティ解説、ケネス・クラーク解題、裾分一弘他訳、岩波書店、一九八五年
『鳥の飛翔に関する手稿』アウグスト・マリノーニ原典復刻、谷一郎/小野健一/斎藤泰弘訳・解説、岩波書店、一九七九年
『パリ手稿A-M』(全一二巻、別巻二冊)アウグスト・マリノーニ原典復刻・注記・原典イタリア語訳、斎藤泰弘他訳、岩波書店、一九八八〜一九九五年
『マドリッド手稿』(全五巻)小野健一他訳、岩波書店、一九七五年

『レオナルド・ダ・ヴィンチ素描集――英国王室ウィンザー城所蔵』（全三巻）ケネス・クラーク／カルロ・ペドレッティ著、細井雄介他訳、朝倉書店、一九九七年
『レオナルド・ダ・ヴィンチ素描集――第1輯 風景、植物および水の習作』カルロ・ペドレッティ原典翻刻・注解、裾分一弘他訳、岩波書店、一九八五年
『トリヴルツィオ手稿』アンナ・マリア・ブリツィオ原典翻刻・校訂、小野健一他訳・解説、岩波書店、一九八四年
『レオナルド・ダ・ヴィンチ アトランティコ手稿』レオナルド3著、荒金義博／松下哲也／荒金宏章他日本語版訳・監修・アートディレクション、アトゥム、二〇〇六年
『レオナルド・ダ・ヴィンチ展――直筆ノート「レスター手稿」日本初公開』裾分一弘／片桐頼継／A・ヴェッツォージ執筆、毎日新聞社、二〇〇五年
Leonardo Da Vinci, *IL CODICE ATLANTICO*, GIUNTI, 2000.

◆その他、研究書
アータレイ『モナリザと数学――ダ・ヴィンチの芸術と科学』高木隆司・佐柳信男訳、化学同人、二〇〇六年
アルベルティ『絵画論』〔改訂新版〕三輪福松訳、中央公論美術出版、二〇一一年
――『建築論』相川浩訳、中央公論美術出版、一九八二年
――『芸術論』〔新装普及版〕森雅彦編著、中央公論美術出版、二〇一一年
アリストテレス『全集4 天体論・生成消滅論』村治能就／戸塚七郎訳、岩波書店、一九六八年
――『全集3 自然学』出隆／岩崎允胤訳、岩波書店、一九六八年
池上英洋『ダ・ヴィンチの遺言――「万能の天才」が私たちに残した謎と不思議とは?』河出書房新社、二〇〇六年
――（編著）『レオナルド・ダ・ヴィンチの世界』東京堂出版、二〇〇七年
――『西洋絵画の巨匠8 レオナルド・ダ・ヴィンチ』小学館、二〇〇七年
池上俊一（監修）『原典 ルネサンス自然学 上・下』名古屋大学出版会、二〇一七年

ヴァザーリ『ルネサンス画人伝』平川祐弘他訳、白水社、一九八二年
――『続 ルネサンス画人伝』平川祐弘他訳、白水社、一九九五年
ヴァレリー『レオナルド・ダ・ヴィンチ論』菅野昭正他訳、筑摩書房、一九七五年
京都市美術館（編）／岡田温司（学術アドバイザー・翻訳監修）／ヤヌシュ・ヴァウェク他（著）『レオナルド・ダ・ヴィンチ《白貂を抱く貴婦人》――チャルトリスキ・コレクション展カタログ』喜多村明里他訳、ブレーントラスト、二〇〇一年
小佐野重利他『レオナルド・ダ・ヴィンチ展――天才の肖像』TBSテレビ、二〇一三年
ガルッツィ／長尾重武／石川清（監修）『ダ・ヴィンチとルネサンスの発明家たち展』日本経済新聞社、二〇〇一年
カプラ『レオナルド・ダ・ヴィンチの手稿を解読する――手稿から読み解く芸術への科学的アプローチ』千葉啓恵訳、一灯舎、二〇一六年
加茂儀一『モナ・リザの秘密――ダ・ヴィンチの人間像』日本経済新聞社、一九六七年
久保尋二『宮廷人レオナルド・ダ・ヴィンチ』平凡社、一九九九年
ゲルブ『ダ・ヴィンチになる！――創造的能力を開発する7つの法則』（リードくみ子訳、TBSブリタニカ、二〇〇〇年）
コイレ『ガリレオ研究』菅谷暁訳、法政大学出版局、一九八八年
児島喜久雄『レオナルド研究』岩波書店、一九五二年
越川倫明（編）『レオナルド・ダ・ヴィンチと「アンギアーリの戦い」展』東京富士美術館、二〇一五年
斎藤泰弘『ダ・ヴィンチ絵画の謎』中公新書、二〇一七年
――『レオナルド・ダ・ヴィンチの謎――天才の素顔』岩波書店、一九八七年
ザッペリ『さらば、モナ・リザ――世界でもっとも有名な絵の謎を解く』星野純子訳、鳥影社、二〇一一年
シッパーゲス『中世の医学――治療と養生の文化史』大橋博司／濱中淑彦訳、人文書院、一九八八年
下村寅太郎『著作集5 レオナルド研究』みすず書房、一九九二年
フランチェスコ・ディ・ジョルジョ・マルティーニ『建築論』マラーニ復刻・校訂、日高健一郎訳、中央公論社、

一九九一年
ジル『ルネサンスの工学者たち――レオナルド・ダ・ヴィンチの方法試論』山田慶兒訳、以文社、二〇〇五年
シンガー『解剖・生理学小史――近代医学のあけぼの』西村顕治／川名悦郎訳、白揚社、一九八三年
スー（編）『レオナルド・ダ・ヴィンチ――天才の素描と手稿』森田義之監訳、小林もり子訳、西村書店、二〇一二年
裾分一弘『レオナルド・ダ・ヴィンチ――手稿による自伝』中央公論美術出版、一九八三年
――（監修）『もっと知りたい レオナルド・ダ・ヴィンチ 生涯と作品』東京美術、二〇〇六年
――『レオナルドの手稿、素描・素画に関する基礎的研究 研究篇／資料篇』（全二巻）中央公論美術出版、二〇〇四年
高津道昭『レオナルド・ダ・ヴィンチ 鏡面文字の謎』新潮選書、一九九〇年
ダーウィン『よじのぼり植物――その運動と習性』渡辺仁訳、森北出版、一九九一年
タッディ『ダ・ヴィンチが発明したロボット！――ダ・ヴィンチの謎を解く世紀の発見！』松井貴子訳、二見書房、
二〇〇九年
田中英道『レオナルド・ダ・ヴィンチ――芸術と生涯』講談社学術文庫、一九九二年
――『レオナルド・ダ・ヴィンチの世界像』東北大学出版会、二〇〇五年
ツォルナー『レオナルド・ダ・ヴィンチ――全絵画作品・素描集』Reiko Watanabe、Akira Morita訳、Taschen、
二〇〇四年
ドラッツィオ『レオナルド・ダ・ヴィンチの秘密――天才の挫折と輝き』上野真弓訳、河出書房新社、二〇一六年
長尾重武『建築家レオナルド・ダ・ヴィンチ――ルネッサンス期の理想都市像』中公新書、一九九四年
ニコル『レオナルド・ダ・ヴィンチの生涯 飛翔する精神の軌跡』越川倫明他訳、白水社、二〇〇九年
二宮陸雄『ガレノス 霊魂の解剖学』平河出版社、一九九三年
「日本におけるイタリア二〇〇一年」財団／佐々木勝浩（監修）『イタリア科学とテクノロジーの世界――ダ・ヴィンチ、
ガリレオとその後継者たち』日本経済新聞社、二〇〇一年
ペドレッティ『建築家レオナルド』（全二巻）日高健一郎／河辺泰宏訳、学芸図書、一九九〇年

バルチーロン／マラーニ『Leonardo 最後の晩餐』村上能成訳、Newton Press、二〇〇〇年
ファネッリ『イタリア・ルネサンスの巨匠たち7 新しい空間の創造者 ブルネレスキ』児嶋由枝訳、東京書籍、一九九四年
フロイト「レオナルド・ダ・ヴィンチの幼年期のある思い出」『フロイト著作集3 文化・芸術論』所収、高橋義孝訳、人文書院、一九六九年
フェルトハウス『技術者・発明家 レオナルド・ダ・ヴィンチ』山崎俊雄／国分義司訳、岩崎美術社、一九七四年
毎日新聞社事業本部他（編）『レオナルド・ダ・ヴィンチ 美の理想= Leonardo da Vinci e l'idea della bellezza : 2011-2012』毎日新聞社、二〇一一年
前原重二『レオナルド・ダ・ヴィンチ――人体解剖図を読み解く』新潮社、二〇一三年
松浦和也『アリストテレスの時空論』知泉書館、二〇一八年
山田致知「レオナルドの解剖学についての注解」『レオナルド・ダ・ヴィンチ 解剖手稿 別冊』所収、岩波書店、一九八二年、一～九〇頁
ヤスパース『選集Ⅳ リオナルド・ダ・ヴィンチ――哲学者としてのリオナルド』藤田赤二訳、理想社、一九五八年
レティ『知られざるレオナルド』小野健一他訳、岩波書店、一九七五年

あとがき

ダ・ヴィンチについて、私は、タイミングを見て、いつかまとまったかたちでやっておきたいと考えていた。膨大な資料のあるテーマなので、二〇年以上かけて少しずつ資料を収集し、空き時間を見つけては読み進めてきた。何度か訪問したイタリアでも、資料の収集を行い、いつかまとまった時間を取ることのできるタイミングを待っていた。その間、いくつか小さな文章も書き残してきた（「デッサンの運動学」『ユリイカ』二〇〇七年三月号、青土社、八八～九六頁／「自然知能――職人の哲学：ダ・ヴィンチ」『エコ・フィロソフィー』第一四号（二〇二〇年三月）、東洋大学「エコ・フィロソフィ」学際研究イニシアティブ、一一～四五頁）。そして今回、ようやくその長期間抱えた課題を実行することができた。

自然物とりわけ生命体が、人間とは異なるタイプの能力を備えていることはしばしば指摘される。たとえばアサクサノリは、ノリの細胞として見れば、ほぼ独立の栄養体であり、独立に生存している。にもかかわらずノリの細胞は、びっしりとつながって生息している。主として自己防衛のためだと思われるが、他の理由もあるいる。

のかもしれない。それを人間は適正な環境で育てて、おにぎりに巻いていただいている。

人間の健康維持に相応しい植物は、薬草として人為的に栽培され、人間の生活圏の中に取り込まれている。そうした作業は、「本草学」という専門の学問にもなってきた。またハチやアリが巣を作るさいに、人間が行っているように、事前に集まって設計図や見取り図を見て共有し、作業を進めているとは考えにくい。それでも巣はできる。自然界には、人間とはタイプの異なる能力が溢れている。

空を飛ぶ鳥を見ながら、飛ぶという能力の獲得を、鳥から学べるのではないかと考えた人たちは、人類史の中に相当数いると思われる。長時間、飛び続けるためには、よほどエネルギー効率の良い仕組みが作られているだろうと推測される。人間の能力とは異なるタイプの知能は、おそらく自然界に夥しく存在する。それが今日の「自然知能研究」にもつながっている。

「自然知能」というネーミングじたいは、今日の「人工知能」に対抗するようなかたちで提起されている。だが実はそうした活動は、古くから行われてきた人間の営みの中に脈々と受け継がれてきた知的営為でもある。生命体が人間とは異なる能力をもつのであれば、いっそのこと「生命」そのものを人工的に作ってしまえばどうなるのか。これがメモのように書き記された「ダ・ヴィンチの夢」である。

こんな夢を抱けば、膨大な勉強をし続けなければならない。そしてごくささやかな成功を得るだけでも、莫大な労力と時間が必要となる。ダ・ヴィンチは、こうした作業を続ける合間に、委託を受けた絵を描いたのである。それがダ・ヴィンチの歴史に残る数々の比類ない名画である。

人間の思考回路は、論理を大前提としている。この論理は、矛盾律や同一律に見られるように、人間の言語に含まれているものである。ロゴス（論理）は、言語に宿るとも言われる。しかしそうであれば、こうした論理は、人間の言語にだけ当てはまるものかもしれず、人間の生活圏だけに通用するものであるのかもしれない。

自然界には、人間の言語とは異なる論理、仕組み、論理構造は、夥しく存在していると考えてよい。このとき言語や言語表現から学ぶこととは異なる学習の仕方が必要となり、言語的理解や言語的分析とは、異なる能力を修得し、活用する必要が生じる。

そこに踏み込む学習の仕方を、ダ・ヴィンチはこれでもかというほど試みている。そうした企ての総体を、本書では「ダ・ヴィンチ・システム」と呼んだ。こうしたダ・ヴィンチの企てそのものは「未完の構想」であり、とりわけ現行の近代科学の巨大な成功のもとにあっては、とても取り出しにくい特質を備えている。本書では可能な限り、そうした試みに届くように議論を進めたつもりである。

資料に関しては、多くの場合、美術史家の方々が提供してくれた翻訳を活用した。語学の能力は、一般にそこに費やした時間に比例する。イタリア語にかかわる私の能力は、初級者レベルでしかない。良質な翻訳を提供してくれた多くの先達には、心底、感謝している。また資料の取り扱いにかかわるさまざまな注意事項も参考になった。

本書の公刊にさいしては、東洋大学重点研究推進プログラム（「22世紀の世界哲学に向けて」）からの助成を受けている。

末尾ながら、学芸みらい社の小島直人氏には、衷心より感謝したい。いつものことのように、二人三脚で本書も進んだ。今回も充実した時間だった。

二〇二二年二月一五日

河本英夫

［著者紹介］

河本英夫（かわもと・ひでお）

1953年、鳥取県生まれ。東京大学教養学部卒業。同大学大学院理学系研究科博士課程満期退学（科学史・科学基礎論）。現在、東洋大学文学部哲学科教授。専門は哲学・システム論・科学論。著書に『オートポイエーシス――第三世代システム』『経験をリセットする――理論哲学から行為哲学へ』（共に青土社）、『システム現象学――オートポイエーシスの第四領域』『損傷したシステムはいかに創発・再生するか――オートポイエーシスの第五領域』（共に新曜社）、『〈わたし〉の哲学――オートポイエーシス入門』（角川選書）、『哲学の練習問題』（講談社学術文庫）など多数。編著に『哲学のメタモルフォーゼ』『現象学のパースペクティヴ』（共に晃洋書房）、『iHuman――AI時代の有機体-人間-機械』『見えない世界を可視化する「哲学地図」――「ポスト真実」時代を読み解く10章』『創発と危機のデッサン――新たな知と経験のフィールドワーク』（いずれも学芸みらい社）などが、訳書に荒川修作+マドリン・ギンズ『建築する身体――人間を超えていくために』『死ぬのは法律違反です――死に抗する建築　21世紀への源流』（共に春秋社）、アーサー・C・ダント『物語としての歴史――歴史の分析哲学』（国文社）などがある。

ダ・ヴィンチ・システム
来たるべき自然知能のメチエ

2022年4月25日　初版発行

著　者　河本英夫（かわもとひでお）

発行者　小島直人

発行所　株式会社 学芸みらい社

〒162-0833 東京都新宿区箪笥町31 箪笥町SKビル3F
電話番号：03-5227-1266
FAX番号：03-5227-1267
HP：https://www.gakugeimirai.jp/
E-mail：info@gakugeimirai.jp

印刷所・製本所　シナノ印刷株式会社

装幀／目次・章扉デザイン　芦澤泰偉

ブックデザイン　吉久隆志・古川美佐（エディプレッション）

ISBN978-4-909783-97-4 C0010

〔学芸を未来に伝える〕 学芸みらい社 好評既刊

iHuman

AI時代の有機体-人間-機械

河本英夫・稲垣諭 編著

〈シンギュラリティ〉がもたらす「未来の人間像」を、第一線の哲学・ALife研究者、アーティストが鮮やかに描きだす。

「底なしの自然知能」+「無際限の人工知能」+「人間知能」――。3つの知能を自在に行き来する研究と表現には、ヒトの未知なる選択肢が豊かに息づいている。生命と知能の可能性を広げる10章のレッスン。

A5判並製/256ページ　定価:本体2,200円+税　ISBN 978-4-909783-07-3

【目次】